人間力

사람을 얻는 힘 인간력

사람을 얻는 힘
인간력

人間力

다사카 히로시 지음 | 장은주 옮김

모든 인간은 결점과 미숙함을 안고 살아가지만,
스스로를 다 잡고 진실한 관계를 맺으며
조금씩 성장해 자신만의 의미 있는 인생을 만들어 간다.

북플레저

지금
왜 '인간력, 이
필요한가

마음 습관 일곱.
모든 만남은 나를 위한 것임을 받아들인다

인간을 수양하는 것의 진정한 의미

인생을 열정적으로 살아가는 저자에게 감명받아 주문했다. 세상의 많은 책들이 결국에는 가장 중요한 부분에 대한 답을 하지 못하는데, 이 책에는 확실히 기록되어 있다. 특히 뒷부분은 압권이었다. 다른 책에서 만족하지 못한 분들은 반드시 이 책을 읽어 보길 추천한다. _j***

단숨에 정독했다. 작가는 깊이 있는 깨달음을 마치 말을 건네듯 쉽고 명료하게 전한다. 주마등처럼, 지나온 나의 인생을 떠올리며 읽게 됐다. 필사해서 간직하고 싶은 질문들이 가득하다. _f***

좋은 것과 나쁜 것을 모두 끌어안을 수 있는 그런 사람이 되고 싶어졌다. 당장의 이익과 손실에 떠들썩하지 않고. 여기저기에 흩어져 있던 변치 않는 소중한 것들은 그 너머에 있음을 배웠다.

_驚***

큰 사건을 겪은 뒤 분노와 슬픔, 비참함에 녹초가 됐고, 사람들이 너무 미웠다. 이 감정을 어떻게 해야 할지 몰라 책을 닥치는 대로 읽었지만 소용없었다. 그러다 얼마 전, 이 책을 만났다. 캄캄하던 눈앞이 번쩍 뜨이며 눈물이 뚝뚝 흘렀다. 처음으로 '용서할 수 있겠다'는 마음이 들었다. 그동안의 고통을 이해할 수 있는 시간이었다. 이 책을 만난 것에 진심으로 감사하다.

_m***

생각이 명료해지는 기분으로 읽어 내려갔다. '좋은 삶을 살고 싶다', '사람으로서 성장하고 싶다'라고 느끼게 해 주는 지침이 되는 듯한 책이었다. 이 책을 만나서 다행이다. 몇 번이고 반복해서 읽고 싶다.

_n***

직장에서 소통에 어려움을 느끼던 중, 이 책을 집어 들었다. 결점 없는 사람이 되어야만 관계가 좋아지는 걸까, 마음이 관계를 흔드는 순간은 언제인가. 읽는 내내, 지금껏 당연하게 여겨왔던 인간관계의 방식에 대해 질문하게 됐다. 사람들에게 잘 보이기 위해 결점과 흠을 없애려 애쓰고, 훌륭한 사람이 되려고 너무 지나치게 노력하는 사람들에게 특히 이 책을 추천하고 싶다. _c***

책은 단순히 지식의 축적만이 아닌, 마음의 양식이 되어 삶을 긍정적으로 살아가게 한다. 이 책이 바로, 본래 인간으로서 갖추어야 할 마음을 갈고닦기 위한 최고의 지도서다. 자신이 이 세상에 태어난 사명을 깨닫고, 어떻게 살아가야 할지 생각하게 해 주는 좋은 책이다. 더욱 선한 마음으로 살아가기 위해, 꼭 한번 읽어 보길 바란다. _그***

저자가 삶에서 겪은 경험들을 바탕으로, 인간관계를 긍정적으로 바꾸는 마음의 태도가 알기 쉽게 설명되어 있다. 자칫 요령처럼 들릴 수 있지만, 이 책에서 말하는 것은 훨씬 더 깊은 차원의 마음가짐이다. 저자가 지나온 아픔과 그것을 넘어선 시간들이 진솔하게 담겨 있고, 그것이 내 마음에도 고요히 스며들었다. 읽는 내내 여러 번 마음이 움직였고, 잔잔한 감동이 오래 남았다. _스***

오랫동안 마음이 맞지 않는 사람과의 관계에서 오는 괴로움을 피해왔지만, 이 책을 통해 진정한 갈등은 상대와 싸우는 것이 아님을 깨달았다. 그리고 "졸업하지 않은 시험은 끝까지 쫓아온다"는 말처럼, 삶에서 외면해 온 감정과 관계를 어떻게 마주해야 하는지에 대해 깊은 통찰을 얻게 됐다. 그 이후 마음속에 조용히 일어난 변화는 아직도 진행 중이다.

_ア***

"죽는 순간까지 인간을 수양하여 인격을 완성한다."

얼마나 매혹적인 말인가. '인간을 수양한다'는 말에는 단순한 자기 계발을 넘어서는 깊고 묵직한 울림이 담겨 있다. 나는 이 말에 온전히 매료되어, 지금껏 마음 깊은 곳에 품고 살아 왔다.

'인간을 수양한다'는 것은 단지 지식이나 기술을 쌓는 일이 아니다. 그것은 삶의 경험을 통해 스스로를 연마해 나가는 과정이다. 옥을 정성껏 갈고 닦으면 탁함과 흠집이 사라지듯, 인격도 다듬을수록 잘못과 결점, 미숙함이 서서히 걷힌다. 그렇게 단련된 인격은 옥처럼 은은한 빛을 발하고, 그 빛에 이끌린 사람들이 자연스럽게 곁으로 모여든다.

이 말을 가슴에 품고 살아온 지도 어느덧 수십 년. 돌이켜 보면, 한 사람의 미숙한 인간임에도 소소하나마 성장할 수 있었던 것은 오로지 '사람들과의 만남' 덕분이었다. 수많은 인연 속에서 부딪히고 배우며, 때로는 아프게 깨지면서도 조금씩 나 자신을 키워 올 수 있었다.

그러나 문득, 내 마음을 겸허히 들여다보게 되는 날들이 찾아 온다. 그럴 때마다 나는 여전히 인격의 완성과는 먼 거리에 서 있음을 실감한다. 스스로의 미숙함을 돌아보며 탄식하던 어느 날, 문득 한 문장이 떠올랐다.

"마음은 뱀, 전갈과도 같다."

당대의 한 뛰어난 고승이 남긴 말이다. 뱀은 교활함과 간사함을, 전갈은 공격성과 잔인함을 상징한다. 수행으로 평생을 바친 그조차, 마음속 깊은 곳에서 여전히 어둡고 날카로운 것이 꿈틀거리고 있음을 고백했다.

그 문장을 접한 순간, 나는 오히려 안도했다. 그토록 훌륭한 사람조차 완전하지 않았다면, 미숙함을 안고 살아간다는 것 자체가 인간의 본질일지도 모른다는 생각에.

그렇다면 인간을 수양한다는 건 과연 무엇을 의미할까? 잘못과 결점이 전혀 없는, 완전무결한 인간이 되는 것을 목표로 삼는 일일까?

그렇지 않다.

모든 인간은
잘못과 결점, 미숙함을 고스란히
끌어안은 채 살아가는 존재다.

그럼에도도 불구하고

스스로를 다잡아 가며 조금씩 성장하고,
주위 사람들과 진실한 관계를 맺어 가며,
그 안에서 자신만의 '멋진 인생'을 걸어간다.

바로 그 흔들리고, 실패하고, 다시 일어서려는 그 마음. 그
것이야말로 인간 수양의 본질이다. 이것이 한평생을 살고
나서야 깨달은, 한 인간의 솔직한 결론이다. 그리고 이 책
은, 바로 그 결론에서 출발한다.

결점 없는 인간이 되는 법이 아니라,
잘못과 결점, 미숙함을 품고 살아가면서도
'의미 있는 인생'을 살아가는 법.

완벽을 목표로 삼기보다는,
불완전한 나를 끌어안고
하루하루 자신을 수양하는 법.

이 책은 그런 삶의 태도에 대해, 그리고 그 삶을 더 깊고 따

뜻하게 살아내기 위한 작은 실천들에 대해 이야기하고자
한다.

완성되지 않았기에 더 아름다운,
바로 지금 이 자리의 '인간'을 위해.

지금
왜 '인간력'이
필요한가

人間力
사람을 얻는 힘 인간력

인간을
수양한다는 말의
진짜 의미

'인간력'이라는 단어가 있다. 이는 '삶을 살아가는 데 필요한 총체적인 역량'을 뜻한다. **단순한 지식이나 기술뿐만 아니라, 삶의 지혜나 통찰력, 그리고 타인과의 관계를 원만하게 이끌어 가는 힘까지 모두 포함하는 말이다.**

'인간을 수양한다'라는 말은 결국 이 인간력을 익히고 키우는 것이다. 그렇다면 우리는 어떻게 해야 인간력을 기를 수 있을까?

책을 읽어도
삶이 나아지지
않는 이유

많은 사람들이 "고전을 읽어라", "고전에서 지혜를 배워라"라고 말한다. 실제로 서점에는 수많은 고전이 가득하며, 고전을 쉽게 해설하여 '인간은 이렇게 살아야 한다'라고 알려주는 책 또한 넘쳐 난다. 마치 고전을 읽는 것만으로도 삶의 해답을 찾을 수 있을 것처럼, 이상적인 인간상에 도달할 수 있을 것처럼 이야기한다.

그런데 현실은 어떠한가. 왜 우리 삶은 고전을 읽기 전과 별반 다를 바 없을까?

　지금 왜 '인간력'이 필요한가

고전에 나오는 '욕심을 없앤다', '남에게 베푸는 마음으로 살아간다'라는 말에 공감했다고 하자. 하지만, 일상으로 돌아와 현실적인 문제에 맞닥뜨리면 나도 모르게 당장 눈앞의 이익을 계산하느라 계산기를 두드리게 된다. 만일 당신이 부모라면, 고전에서 나오는 '아이의 가능성을 믿어라'라는 말에 감동하고 공감했더라도, 막상 아이의 성적이 떨어지면 '왜 우리 애는 이렇게 공부를 못할까?' 하고 한숨부터 내쉬게 된다.

고전에서 배운 이상적인 가치들은 현실의 벽 앞에서 무력해진다. 이상적인 가르침 또한 현실의 불안과 걱정 앞에서 빛을 잃는다. 이런 경험을 반복하다 보면, 우리는 고전에 나오는 이상적인 인간상에 가까워지지 못했다는 이유로 '혹시 내 의지가 부족한 건 아닐까?' 하며 자신의 부족한 역량을 탓하게 된다.

정말 우리 안에 숨겨진 나약함 때문일까? 사실은 그렇지 않다. 우리가 훌륭한 고전을 읽고도 좀처럼 인간력을 익히지

못하는 이유는, 의지가 약해서도 자제력이 부족해서도 아
니다.

**진짜 이유는 우리가 고전을 읽는 방식을 오해하고 있기 때문
이다.**

오해는 세 가지다.

   지금 왜 '인간력'이 필요한가

안다고
변하지 않는다

고전을 읽을 때 우리가 흔히 오해하는 첫 번째는, '이상적인 인간상을 배우면 된다'는 것이다.

물론 고전 속 위대한 인물들의 삶과 철학을 통해 우리가 나아가야 할 방향을 설정하는 것은 중요하다. 하지만 아무리 '인간은 이래야 한다'라는 이상을 머릿속에 외쳐 본들, 그 이상에 도달하기 위한 '구체적인 방법'을 익히지 못하면 우리는 한 발짝도 나아갈 수 없다. 마치 눈앞에 보이는 산 정상의 아름다운 풍경에 감탄만 할 뿐, 그 산을 어떻게 올라야 할지 몰라 발만 동동 구르는 것과 같다.

고전을 읽는다는 것은 단순히 지식이나 이상을 습득하는 것이 아니라, '어떻게 인간으로서 성장할 것인가?'에 대한 구체적인 마음가짐과 태도를 배우는 일이다.

이를 잘 보여 주는 일화가 있다.

실적이 아주 우수했던 한 기업의 경영자에게 누군가 '경영의 핵심'을 물었다. 그러자 그는 짧게 한마디 했다.

"사원을 사랑하는 겁니다."

또 한 명의 중간관리자에게는 사람을 관리하는 일이 힘들지 않냐고 물었다. 그는 머뭇거리며 이렇게 대답했다.

"솔직히 일을 빨리 배우지 못하는 후배들을 보면 답답해서 포기하고 싶을 때가 있어요. 더는 안 되겠다 싶기도 하고요.

그런데 하룻밤 자고 일어나면, 왠지 그 친구와 내가 선배와 후배라는 관계로 만난 것도 인연이 아닐까 싶어요. 돌이켜 보면 나도 그 시절엔 일을 잘 못하는 직원이었더라고요. 그렇게 생각하면 신기하게도 더 열심히 이끌어야겠다는 의욕이 생깁니다.”

이 두 사람 모두 ‘인간을 대하는 태도’에 대해 말하고 있지만, 우리가 현실에서 바로 도움을 받을 수 있는 말은 누구의 것일까? 두 이야기 중 어떤 말이 인간력을 기르는 데 도움이 될까?

경영자의 말은 이상적이지만. 지나치게 추상적이다. 그래서 실천하기 어렵다. ‘사원을 사랑하는 것’은 인간으로서 본받아야 할 훌륭한 자세이지만, 미숙한 인간인 우리가 이런 말을 들으면 ‘맞는 말이지만 눈앞에 있는 사람을 사랑하는 게 쉽지 않아서 고민인 건데…’라고 투덜대고 싶어진다.

반면, 중간관리자의 말은 구체적이고 현실적이다.

'상대와의 인연을 생각한다.'
'젊은 날 자신의 미숙함을 돌아본다.'

미숙한 우리에게도 격려가 되고 삶과 사람에 대한 자세를
배울 수 있는 말이다. 이러한 태도는 단순히 직장뿐만 아니
라, 학교나 가정 등에서 만나는 모든 인간관계에도 적용할
수 있다.

두 사람이 했던 두 가지 말.

하나는,
훌륭한 사람이
높은 산의 정상에서 내려다보며
"여기까지 반드시 올라야 한다"라고 하는 말.

다른 하나는,
평범한 사람이 함께 높은 산을 오르며
"미숙하지만 조금씩이라도

올라갈 수 있지 않을까?"라고 하는 말.

우리는 후자의 말에 귀 기울여야 한다. 미숙함과 나약한 마음을 안고 걷는 우리에게는 이 말이 더욱 도움이 되기 때문이다.

이상적 인간상이 아니라
구체적 방법을 배운다

훌륭한 고전 가운데에는, 저자가 인간으로서 성장하기 위해 부단히 애쓴 흔적이 고스란히 담긴 글들이 많다. 그들은 험난한 인생의 길을 걸으며 좌절하거나, 느린 걸음을 탄식하면서도 끝내 멈추지 않았다. 그런 여정을 통해 우리는 인간적인 고뇌와 성장의 의미를 생생히 느낄 수 있다.

하지만 때때로 고전의 문장들을 앵무새처럼 인용하며 "인간이라면 이렇게 살아야 한다"고 이상적인 인간상을 외치기만 하는 사람도 있다. 이들은 실제 삶에서는 오히려 인간력의 결핍이라 할 만한 태도를 보이기도 한다. 고전에서 얻은 지식을 자신의 삶에 적용하려는 진지한 노력 없이, 그럴듯한 말들로만 포장하는 것은 진정한 성장이 아니다.

더욱 안타까운 건, 실제로는 아무것도 바뀌지 않았음에도 불구하고, 고전 속 이상적인 인간상을 반복해서 되뇌다 보니 어느새 자신이 그런 인물이 됐다고 착각하는 경우다. 이러한 '자기 환상'은 고전의 가르침을 내면화하기보다 표면적인 흉내에 만족하는 태도에서 비롯된다. 그리고 이런 자기기만은 자신의 성장을 방해할 뿐 아니라, 주변 사람들에게도 실망을 안긴다.

그러므로 우리는 고전 속에서 등장인물이나 저자가 보여 주는 '겸허한 태도'까지도 진지하게 배워야 한다. 고전 속 인물들은 이상을 추구하면서도 자신의 미숙함과 부족함을 인정하며 그것과 싸웠다. 때로는 좌절하고, 탄식하면서도 멈추지 않고 나아가는 그들의 모습은, 단지 이상을 좇는 것을 넘

 지금 왜 '인간력'이 필요한가

어 현실의 어려움을 정면으로 마주하며 성장하는 자세가 무엇인지 보여 준다.

우리가 고전에서 배워야 할 것은 '완벽한 인간이 되는 법'이 아니다. 끊임없이 자신을 성찰하고, 조용히 성장해 나가는 태도를 익혀야 한다. 그들의 겸허한 여정을 따라가다 보면, 우리는 우리 자신의 나약함을 인정하는 용기와, 그럼에도 불구하고 한 걸음 더 나아갈 힘을 얻게 된다.

그것이야말로 고전을 통해 '인간력'을 기르는 길이다. 고전의 지혜를 삶에 녹여 내고, 끊임없이 자신을 갈고닦는 겸허한 자세를 갖출 때, 우리는 비로소 진정한 의미의 성장을 이루게 된다.

마음속 욕망을
부정하지 않는다

고전을 읽을 때 자주 하는 두 번째 오해는 '사욕과 사심을 버려야 한다'라는 가르침을 너무나 단순하고 표면적으로 받아들인다는 것이다. 우리는 마음속 깊은 곳에 숨어 있는 '작은 자아'를 억누르고 부정하는 것이 수행의 전부라고 착각한다.

외면할수록 커지는
작은 자아의 덫

마음속 작은 자아는 결코 버릴 수 없다. 버렸다고 생각하거나, 사라졌다고 여겨도 그건 단지 억압된 채 잠시 모습을 감춘 것일 뿐이다. 마치 스프링을 힘껏 눌렀을 때처럼, 잠시 움츠러든 듯 보이다가 손을 놓는 순간, 더욱 강하게 튀어 오르는 것이다. 작은 자아도 마찬가지다. 일시적으로 숨어 있을 뿐, 마음 깊숙한 곳에서 여전히 우리를 지배하고 있다.

예를 들어, 동료가 나보다 먼저 승진했다고 가정해 보자. 겉으로는 진심으로 축하의 말을 건네지만, 어느 날 그 동료가 개인 사정으로 휴직했다는 소식을 듣고 왠지 모를 은근한 만족감이 밀려올 때가 있다. 그 감정에 스스로 놀라고 당황하게 된다.

바로 이 순간, 우리가 미처 인식하지 못했던 작은 자아가 은밀하게 활동하며 마음을 조종하고 있었음을 깨닫게 된다.

마치 우리 안에 또 다른 '나'가 존재하는 것처럼, 때로는 우리의 의지와 무관하게 질투와 허영, 욕망이 불쑥불쑥 솟아오른다.

"사욕을 버린다."
"사심을 없앤다."

이런 말은 처음 들을 때에는 누구나 깊이 새기게 된다. 사욕과 사심에 흔들리지 않는 사람이 되고 싶어, 진심으로 다짐하게 되기 때문이다. 하지만 이 다짐이 말로 바뀌고, 그 말이 타인을 향한 선언이 되는 순간, 문제는 전혀 다른 차원으로 옮겨간다.

언제부턴가 마음속에는 '나는 사욕도, 사심도 없는 사람이다'라는 자기 환상이 자리 잡기 시작한다. 그리고 그 환상 뒤에는 언제나 작은 자아가 숨어 있다. 이 작은 자아는 끊임없이 말한다.

　지금 왜 '인간력'이 필요한가

"나는 고결한 사람으로 보여야 해."

"나는 인정받아야 해."

결국, 사욕을 버리고자 했던 노력 자체가 또 다른 욕망으로 변질되는 아이러니가 발생하는 것이다.

더 무서운 건, 이런 말을 하는 사람은 자기 마음 안에 꿈틀 대는 작은 자아를 인지하지 못한다는 것이다. 왜냐하면, 우리의 마음속 작은 자아는 때때로 '사욕을 이미 버린 사람'이라는 가면을 쓰고 등장하기 때문이다.

그는 연기한다. 완벽한 사람처럼, 고결한 사람처럼. 그 모습에 속아 우리는 자신을 속이고, 나아가 타인마저 속이게 된다. 질투심, 허영심, 인정욕구. **이처럼 다양한 얼굴로 나타나는 작은 자아의 움직임은 억압하거나 없애려 할수록 더 깊숙이 숨어 버린다.**

그렇다면, 이 작은 자아가 마음속에서 꿈틀대고 있을 때, 우리는 어떻게 해야 할까? 그것을 부정하지도, 버리지도, 없애지도 못한다면 과연 우리는 어떤 태도를 가져야 할까?

없애려고 하지 말고
끌려가지도 말 것

대처하는 방법은 오직 한 가지다.

'그저 조용히 바라본다.'

누군가를 질투하는 마음이 일었다면 '아, 내 마음이 저 사람을 질투하고 있구나!' 하고 그 감정을 바라본다. 이때 가장 중요한 것은, '조용히' 바라보는 태도다.

조용히 바라본다는 것은 그 감정을 긍정하지도, 부정하지도 않고 있는 그대로 바라보는 것이다. 질투심을 가지는 건 나쁜 일이라며 억누르지도 않고, 질투가 성장의 원동력이

라며 의미를 부여하지도 않는다. 그저, '지금 내 마음속에
질투가 일고 있구나' 하고 스스로 인식하는 것이다.

흐르는 강물을 멍하니 바라보듯, 그 감정이 스쳐 지나가도
록 조용히 지켜보는 일. 그것이 바로, 작은 자아의 속삭임에
끌려가지 않는 유일한 길이다.

실제로 해 보면 절대 쉽지 않다. 처음엔 낯선 외국어를 배우
는 것처럼 어색하고 버겁다. 삼성이라는 언어를 익히는 데
에는 시간이 필요하다. 하지만, 이 마음 습관을 꾸준히 실천
하다 보면 작은 자아의 소란은 신기할 만큼 잦아든다. 그것
은 억제된 침묵이 아니라, 이해받은 고요다.

고전은 표면이 아닌
내면의 탐구서다

사실, 작은 자아에 대처하는 이러한 마음 습관은 불교를 비

롯한 고전에서 수없이 다양한 형태로 언급되어 왔다. 하지만, 오늘날 일부 고전 해석은 '사욕을 버려야 한다', '사심을 없애야 한다'는 표면적인 명제만을 반복하며, 오히려 사람들로 하여금 '고결한 인물'을 연기하게 부추기는 결과를 낳기도 한다.

그래서 우리는 고전을 읽을 때 표면적인 가르침에 매몰되지 않고, 마음속 사욕과 사심 같은 작은 자아를 고요히 바라보는 성숙한 마음 습관을 함께 배워야 한다. 고전은 지식을 외우는 책이 아니라, 자신의 내면을 탐구하고 변화시키기 위한 여정의 길잡이다.

"마음은 뱀, 전갈과도 같다"

이 말은 단순히 마음이 위험하니 조심하라는 경고가 아니다. 오히려, 고전을 통해 성장하려는 사람에게 전하는 경계의 목소리다. '나는 사욕을 버렸다'고 말하는 순간, 그 말의 그림자에 숨어 있는 자기기만을 깨우치라는 잠언이다.

작은 자아는 뱀처럼 교묘하고, 전갈처럼 은밀하게 독을 숨긴 채 우리를 지배하려 한다. 고전은 그 존재를 부정하지 말고, 제대로 '보라'고 말한다. 그 속삭임에 속지 않기 위해서는, 무엇보다 먼저 자기 마음을 똑바로 바라보는 눈이 필요하다.

한결같은 사람이
되려고
하지 않는다

고전을 읽을 때 우리가 자주 하는 세 번째 오해는, 하나의 이상적인 '통일된 인격'을 추구해야 한다고 믿는 것이다. 즉, 겉과 속이 완벽하게 일치하고, 누구에게나 늘 한결같이 선하며, 절대 잘못을 저지르지 않는 고결한 인물이 되어야 한다는 생각이다.

만약 그런 사람이 정말 존재할 수 있다면, 그것은 평생을 걸고 지향할 가치가 있는 인간상일지도 모른다. 그런데 우리가 과연, 그런 인물이 될 수 있을까?

 지금 왜 '인간력'이 필요한가

"겉과 속이 같다"는 말 자체가 이미 우리 안에 깊이 뿌리 내린 고정관념을 반영한다. 겉은 선하고 속은 악하다는 이분법적인 가치관이 내포되어 있기 때문이다. 이 말에는 타인을 대할 때 단 하나의 얼굴 외에 다른 얼굴은 허용하지 않는다는 의미가 전제되어 있다.

하지만 현실의 우리는 과연 그렇게 살아가고 있을까?

한 남자가 있다. 그는 가정에서는 자식에게 한없이 다정한 아버지로, 종종 아이를 너무 예뻐해 아내에게 핀잔을 듣기도 한다. 회사에서는 뛰어난 능력으로 상사와 부하직원 모두에게 인정받고 존경받는 능숙한 영업자다. 한편, 가끔 본가에 들르면 어린 시절처럼 어머니께 어리광을 부리며 맛있는 음식을 해달라 조르는 아들이 되기도 한다. 고교 동창회에 가면, 친구들과 웃고 떠들며 천진난만한 개구쟁이로 돌아간다.

이 남자는 가정에서는 자식에게 한없이 다정한 아버지, 회사에서는 존경받는 능숙한 영업자, 부모님 앞에서는 영원한 철부지 아들, 친구들과 있을 때는 천진난만한 개구쟁이로 살아간다. 마치 여러 개의 가면을 자유자재로 바꿔 쓰듯이, 그는 다양한 역할을 소화한다.

이런 사람은 절대 드물지 않다. 우리 역시 가정, 직장, 사회 등 각각의 자리에서 다른 인격으로 대처하고 있지 않은가.

이처럼 우리는 '다양한 얼굴'을 가지고 상황에 따라 자연스럽게 '인격'을 바꾸어 가며 살아간다.

하나의 얼굴이 아닌
여러 개의 얼굴로 살아간다

인간의 마음속에는 본래 여러 인격이 공존한다. 그리고 각기 다른 상황과 관계에 따라 그 인격들은 자연스럽게 드러난다. 그러므로 고전을 읽으며 이상적인 '하나의 인격'을 완성하려는 것은 현실과 동떨어진 목표다.

 지금 왜 '인간력'이 필요한가

우리가 진정으로 노력해야 할 것은, 자기 내면의 다양한 인격을 인정하고, 그 인격들을 상황에 맞게 조화롭게 활용하는 능력을 기르는 일이다.

불교의 가르침 중에는 "귀신 같은 엄격함 속에 부처 같은 자애로움이 있다"는 말이 있다. 이는 사소한 일에 흔들리지 않는 결단력과 사람을 따뜻하게 대하는 자비로움을 하나의 사람 안에 함께 담아야 한다는 뜻이다.

이는 또한, 같은 인물이 어떤 사람 눈에는 도저히 존경할 수 없는 귀신처럼 보이고, 어떤 사람 눈에는 존경해 마지않는 부처처럼 보이기도 하듯, 하나의 인간 안에 공존하는 모순적인 인격을 인정하고 이해해야 함을 보여 주는 가르침이기도 하다.

나쁜 일을 할 수 있으면서
나쁜 일을 하지 않는 사람

경영계에 오래도록 전해지는 말이 있다.

"큰 성공을 거두는 사람은, 나쁜 일을 할 수 있으면서도 나쁜 일을 하지 않는 사람이다."

이 말은 마음속에 '악인'이라 불릴 만한 인격이 있더라도, 그 인격을 다스릴 수 있는 또 하나의 인격이 있는 것의 중요성을 말한다.

마음속에 나쁜 일을 할 수 있는 인격이 있기에, 사원들이 나쁘게 마음을 먹으려는 것을 눈치채고 그들이 악에 물드는 것을 미리 막을 수 있고, 거래처나 경쟁 기업이 나쁜 일을 저지를 가능성을 고려해 적절한 예방책을 세울 수 있기 때문이다. 나쁜 일을 할 수 있으면서 나쁜 일을 하지 않는 사람이란 말은 그런 의미이다.

우리의 마음속에는 여러 인격이 있다.

여기서 무엇보다 중요한 것은,

마음속 귀신이나 악이라 불릴 만한 부분을

외면하거나 부정하지 않고

있는 그대로 인정하는 태도다.

그리고 그 인격들을 다스릴 수 있는

또 다른 인격을 함께 키우는 일이다.

그러므로 우리는 고전을 통해, 선한 면만을 가진 '통일된 인격'을 추구해서는 안 된다. 그것은 마음속의 어두운 면을 외면하고 억압하는 것이며, 결국 뜻하지 않은 순간에 그 '억눌린 그림자'에게 발목을 잡히게 된다. 우리는 악한 모습까지도 인정하고, 그것과 정면으로 마주하는 용기를 길러야 한다.

그리고 그 마음속 귀신과 악의 성질을 가진 인격에 의식의 빛을 쬐는 습관을 익혀야 한다. 그것이 곧, 다양한 인격을 상황에 맞게 조화롭게 활용하는 힘이다. 마음속 귀신은 결단력이 필요할 때 꺼내고, 부처는 자애로움이 필요할 때 드러낸다. 그 둘 다를 필요한 순간에 꺼낼 줄 아는 유연한 사람이 바로 고전이 말하는 '인간력 있는 사람'이다.

타인과의 만남은
모두 당신을 위해
주어졌다

인간을 수양하고 인간력을 높이기 위해 고전을 읽을 때는 앞의 '세 가지 오해'를 염두에 두어야 한다. 이 책에서는 이에 근거해 어떻게 인격을 수양하고 삶의 깊이를 더할 수 있는지에 관해 이야기하고자 한다.

첫째, 단순히 이상적인 인간상을 좇지 않고, 그런 인간상을 향해 한 걸음 한 걸음 성장하기 위한 구체적이고 실천 가능한 방법을 익힌다.

둘째, 마음속 작은 자아를 억누르려 애쓰지 않고, 작은 자아의 움직임을 옳다 그르다고 판단하지 않으면서 조용히 바라보는 힘을 키운다.

셋째, 하나의 이상적인 인격을 가진 사람이 아니라, 마음속에 다양한 인격을 키워서 상황에 맞게 적절히 사용하는 사람을 목표로 한다.

그러면 구체적으로 무엇을 해야 할까? 우리가 인생을 살아가면서 인간을 수양하고 인간력을 높이려면, 어디서, 어떤 행동을 하고, 어떤 마음가짐을 가져야 할까?

어려운 관계가
인간을 수양할 최고의 기회

한마디로 말하겠다.

지금 왜 '인간력'이 필요한가

"수행에 있어 최고의 장소는, 바로 '일상에서 만나는 인간관계'다."

관계의 종류는 저마다 다르겠지만, 누구나 날마다 가족이나 친척, 친구나 지인, 동료나 선배, 후배 등 다양한 인간관계를 마주한다. 그리고, 그로 인해 주저하고, 고민하며 살아간다.

인생에는 뜻하지 않은 밋진 만남이나 마음에 님는 만님도 있다. 그러나 철학자 사르트르의 말, "타인은 지옥이다"처럼 때론 삐걱거리며 최악으로 치닫는 만남도 있다. 이는 인생의 큰 난관이 된다.

하지만, 인간관계에서 겪게 되는 불화와 불신, 미움과 반발, 대립과 충돌, 혐오와 증오 같은 괴로운 경험은 대처만 잘한다면 인간을 수양하고 인간력을 높이는 최고의 기회가 되기도 한다.

물론 이 말은, 대처를 잘못하면 갈등으로 인해 외로움의 나락으로 떨어지게 되기도 한다는 의미이기도 하다. 그렇다면 그 갈림길은 무엇일까?

마음가짐이
곧 갈림길이다

갈림길은 '인간관계에 대처할 때의 마음가짐'이다. 여기서 마음가짐은 '각오'나 '태도'라고도 말할 수 있다.

놀랍게도 인간력은 아주 사소한 마음 습관을 통해 키울 수 있다. 매일의 인간관계에서 갈등을 마주했을 때, 이 책에서 제시하는 마음 습관들을 떠올리고 조금만 노력하면 실제로 실천할 수 있다.

이 책에서는 인간관계가 원활해지는 마음 습관 일곱 가지를 소개한다.

1. 부족함을 고치려고 하지 말고 인정한다

2. 먼저 말을 걸고 눈을 맞춘다

3. 마음속 작은 자아를 바라본다

4. 스스로 '싫어하기'로 선택했음을 안다

5. 말이 감정을 만든다는 것을 기억한다

6. 헤어져도 마음으로 관계를 끊지 않는다

7. 모든 만남은 나를 위한 것임을 받아들인다

이 습관들은 인간관계 문제에 직면했을 때 바로 적용할 수 있을 정도로 굉장히 구체적이다. 더욱이 이러한 습관들을 꾸준히 익히다 보면, 이 습관 속에 담긴 심오한 의미를 깨닫게 될 것이다.

하나의 예로, 누군가에게 단순히 "고맙습니다"라고 말하는 것에 그치지 않고, 진심으로 '고마운 마음'을 담아 표현하는 습관을 들 수 있다. 이 습관은 매우 구체적이고 실천하기 좋아, 누구나 일상생활에서 쉽게 시도해 볼 수 있다.

이러한 습관을 꾸준히 실천하다 보면 얼마 지나지 않아 그 심오함을 경험하게 된다. 자신의 말에 이전에는 없던 조용한 힘이 실려 있음을 느끼고, 나아가 마음속에 큰 변화가 일어나고 있음을 깨닫게 될 것이다. 그 변화야말로 진정한 의미의 '인격 수양'이라고 할 수 있다.

일상에서 인간관계라는 벽에 부딪혔을 때, 앞으로 소개될 이 일곱 가지 마음 습관을 떠올리고 그중 무엇이든 좋으니 한번 몰두해 보기를 바란다. 언뜻 보기에는 소박한 내용이라고 생각할 수 있지만, 진지하게 실천해 나간다면 인간관계는 몰라보게 달라질 것이며, 이는 곧 여러분의 삶 전체에 걸쳐 놀라운 변화를 가져다줄 것이다.

그럼, 이제부터 그 이야기를 시작해 보겠다. 지금 이 자리에서, 나와 당신이 함께. 그 누구도 아닌, 당신 자신의 삶을 위한 수양의 여정을 걸어가기 위해.

우리가 고전에서 배워야 할 것은
'완벽한 인간이 되는 법'이 아니라,
끊임없이 자신을 성찰하고
조용히 성장해 나가는 태도다.

우리가 고전에서 배워야 할 것은
'완벽한 인간이 되는 법'이 아니라,
끊임없이 자신을 성찰하고
조용히 성장해 나가는 태도다.

마음 습관 하나,

부족함을
고치려고 하지 말고
인정한다

人間力

사람을 얻는 힘 인간력

완벽해지면 호감을 얻을 수 있을까

매일의 일과 생활에서 인간관계를 통해 인간을 수양하고 인간력을 높이기 위한 마음 습관은 무엇일까? **첫 번째는 부족함을 고치려고 하지 말고 인정하는 것이다.**

이런 의문이 들 수 있다.

'결점은 인정하는 게 아니라 고쳐야 하지 않을까?'

물론 결점을 고칠 수 있다면 더할 나위 없이 좋다. 사람은 누구나 타인에게 호감을 얻고 싶어 하고, 더 나아가 모든 사람에게 호감을 얻는 사람이 되고 싶어 한다. 그러려면 자기 잘못을 고치고 결점을 보완해 성숙한 사람이 되어야 한다.

하지만, 인간은 좀처럼 자기 잘못과 결점, 미숙함을 고치지 못한다. 만약 그게 쉬운 일이었다면 인간관계에서 오는 고통은 대부분 즉시 해결됐을 것이다. 그런데 잘못과 결점, 미숙함을 고치지 못한다면 우리는 주위 사람들과 좋은 인간관계를 맺을 수 없을까?

주위 사람들과 좋은 인간관계를 유지하는 사람들을 보면 잘못과 결점, 미숙함이 없는 사람이 아니다. 오히려 세상에는 잘못과 결점, 미숙함을 안고서도 주위 사람들과 좋은 인간관계를 맺는 사람들이 많다.

정반대의 경우를 생각해 보면 이해가 쉽다. 인간으로서 특별한 잘못이나 결점이 없음에도 사람들에게 별로 호감을 얻지 못하는 사람. 세상에는 그런 사람이 있다. 이른바 '우

     마음 습관 하나. 부족함을 고치려고 하지 말고 인정한다

등생'이라 불리는 사람인데도 어째서인지 주위 반응은 싸
늘하다.

왜 이런 일이 발생하는 걸까?

'진짜 내 사람'이
생기지 않는
이유

20대 후반에 겪은 부끄러운 실패담을 소개한다. 나는 대학 공학부를 졸업하고 방사선의학을 공부하기 위해 2년간 의학부 연구실에 있었다.

연구실에서 만난 Y 교수는 엄격하면서도 제자에 대한 애정이 넘치는 스승이었다. 세미나 발표에서 내용을 이해하기 어렵게 말하면 "당장 집어치워!"라고 호통치며 즉시 발표를 중단시켰고, 과제를 대충 해서 내면 "이런 걸 읽으란 말이야!"라며 내동댕이쳤다.

평생 만난 스승 중 가장 유별나고도 엄한 분이었지만, 오늘날 내가 글 쓰는 사람, 말하는 사람으로 일할 수 있는 것은 무엇보다 Y 교수의 엄격한 지도 덕분이다. 이 Y 교수에게 지금까지도 마음에 깊이 남아 있는 지도를 받은 적이 있다.

어느 날 연구를 위해 방사성물질을 사용하는 실험을 하게 됐는데 그때 Y 교수가 나를 부르더니 이렇게 말했다.

"다음 주부터 자네가 실험에 들어갈 것 같아. 내가 자네의 실험 방식을 봐줄 테니 내일 내 앞에서 실험 순서를 시연해 보게."

'아, 실험 순서에 관한 엄격한 지도가 시작되는구나!'라고 직감한 나는 바로 K 조교를 찾아가 방사성물질을 사용한 어려운 실험 순서에 관해 꼼꼼하게 배웠다.

다음날 Y 교수가 실험실에 왔다. Y 교수가 옆 의자에 앉아 팔짱을 끼고 엄한 표정으로 지켜보는 가운데 나는 어려운 실험을 하나하나 순서에 맞게 차근차근 진행했다. 특히나 어려운 조작일 때는 "안전 피펫, 눈 위치 확인!" 등 실험의 요점을 크게 외치면서 실험을 진행했다.

Y 교수는 시종일관 엄한 표정으로 실험을 지켜봤지만, 마지막까지 순서에 대한 엄격한 지적은 한마디도 하지 않았다. 모든 실험이 끝났을 때 Y 교수는 언짢은 듯 나에게 딱 한 가지만 물었다.

"누구에게 배웠나?"
"K 조교에게 배웠습니다."

그 대화를 끝으로 Y 교수는 실험실을 나갔다. 나는 Y 교수의 뒷모습을 보면서 내심 의기양양했다. 그 엄한 Y 교수에게 실험 순서에 관해 하나도 지적받지 않고 끝냈다는 만족감에 빠져 있었다. 연구실에서 내 모습은 항상 '우등생'이었다. 2년간 그 엄한 Y 교수에게 발표 방식, 리포트 작성법, 실험 진행 방식 등 대부분에 대해 전혀 꾸중을 듣지 않았다.

     마음 습관 하나. 부족함을 고치려고 하지 말고 인정한다

드디어 연구실 생활을 마치고 공학부 대학원으로 돌아갈 날이 왔다. 연구실 책상을 정리하고 동료에게 인사하고 마지막으로 Y 교수의 방에 인사차 방문했다. 그 마지막 인사에서 Y 교수가 나에게 했던 말이 나의 인생을 바꿨다. 아니, 나의 인생을 구원했다.

Y 교수에게 마지막 감사의 인사를 전하자, Y 교수는 "자네도 수고했어. 자네는 참 우수한 학생이었어" 같은 인사말을 해 줬다. 그리고 마지막에 "그런데 말이야!" 하고 내 눈을 보면서 말을 이었다.

그것은 조용한 한마디였다. Y 교수의 눈빛은 제자에 대한 애정이 넘쳤지만, 그 한마디는 내 가슴을 파고들어 평생 마음속에서 울려 퍼졌다.

"자네는 붙임성이 없어!"

이 말은 스승이 전한 평생의 가르침이기도 했다. 왜냐하면 몇 년 후 대학원을 마치고 사회에 나와 일하면서 다양한 인간관계 문제에 직면했을 때 항상 나를 구원한 말이었기 때문이다. 그 말은 너무도 적확하게 당시 나의 인간으로서의 미숙함을 지적하고 있었다. 더불어 마음속 '은근한 교만'을 지적하기도 했다.

인간이라면 누구나 잘못과 결점과 미숙함이 있다. 그런데도 '나는 잘못이 없다', '나는 결점이 없다'라고 철석같이 믿으며 그것을 은근히 자랑하는 마음의 모습. Y 교수는 그 은근한 교만과 '무의식의 거만함'을 당시 나의 모습에서 느낀 것이었다.

인간은 누구나 달처럼 어두운 면이 있다

인간은 누구나 결점이 있다. 그런데도 결점 없는 사람이 되려 하고, 결점 없는 사람이라 믿으며, 결점 없는 사람처럼 행동한다.

그런 사람의 마음속에는 ‘나에게는 잘못이 없다’, ‘나에게는 결점이 없다’라는 은근한 교만과 함께 ‘나는 우수하다’, ‘나는 월등하다’라는 무의식의 거만함이 뿌리박혀 있다. 그 은밀한 교만과 무의식의 거만함을 수반한 ‘우등생 의식’이 사람들의 마음을 멀어지게 한다.

연구실 문을 나서던 날, 스승이 가르쳐 준 ‘붙임성’이라는 말. 그것은 솔직하게 자기 잘못을 인정하고 결점을 인정하고 미숙함을 인정하는 ‘유연함’이었다. 그리고 ‘유연한 마음’의 중요성을 일깨워 준 ‘붙임성’이라는 말은, 사회에 첫발을 내디디던 나의 인생을 지탱하고 지금까지 이끌어 줬다.

돌이켜 보면 그 덕분에 한 미숙한 인간이 사회에서 수십 년간의 세월을 걸으며 감사한 인생을 살아갈 수 있었다.

잘못이 있고 결점이 있어서

사람들의 마음이 멀어지는 게 아니다.

자기의 잘못을 인정하지 않고,

결점을 인정하지 않고,

자기에게는 잘못이 없고,

결점이 없다고 믿을 때

사람들이 멀어져 간다.

부족해도
다가가고 싶은
사람들의 비밀

오랜 세월 다양한 직장에서 수많은 사람들을 보며 항상 신기하게 여겼던 점이 있다. 여러 결점이 있음에도 불구하고 다른 사람에게 미움받지 않는 사람이 있다는 것이다. 아니, 오히려 호감을 얻는 사람이 있다.

예를 들면, 직장의 리더나 기업의 경영자로서 훌륭한 점도 많지만 분명 여러 결점이 있고 그 때문에 때론 후배들이나 직원들을 곤란하게 하면서도 어쩐 일인지 그들에게 호감을 얻는 인물이다.

어느 기업의 영업과장 A. 영업 감각은 뛰어나지만, 어딘지 어설픈 면이 있어 회의 시간을 자주 깜빡해서 주변 사람들을 곤란하게 한다.

오늘도 회의 시간이 지났는데 외근 나간 A 과장은 감감무소식이다. 하는 수 없이 후배가 휴대전화로 연락해서 서둘러 돌아오게 했다. 회의 구성원들이 '이번에도 어김없이 늦는군!' 하던 참에 A 과장이 헐레벌떡 뛰어 들어온다. 회의실에 들어선 그의 한 마디.

"미안, 미안. 기다리게 해서 정말 미안해. 나 또 지각이지? 용서해 줘."

이 한마디에 사람들은 어이가 없다는 듯 헛웃음을 짓고 만다. 회의 후, A 과장의 후배가 다른 부서 참석자들에게 "기다리게 해서 죄송했습니다"라고 대신 사과하자, 어이없다는 표정을 지으면서도 따뜻한 한마디를 툭 던진다.

　　　마음 습관 하나. 부족함을 고치려고 하지 말고 인정한다

"전혀, 늘 저러잖아. 그냥 내버려 둬."

이 A 과장. 어쩐 일인지 별로 미움받지 않는 것 같다.

———————

한 중소기업의 B 사장. 인정 많은 성품으로 가족 같은 분위기에서 회사를 운영한다. 그런데 한 가지 곤란한 점이 있다. 가끔 불같이 화를 내는 것이나. 사원들이 사장을 '순간 급탕기'라고 부를 정도다.

오늘도, 사장은 실수한 C 사원을 호되게 나무라고 밖으로 나가 버렸다. 의기소침해진 C 씨. 주위에서는 또 그랬냐는 분위기다. 얼마 후 외근을 마치고 돌아온 B 사장, 손에는 붕어빵 봉지가 들려 있다. 사원에게 따뜻한 차를 부탁하고 직원들이 모두 모여 잠시 붕어빵 휴식을 갖는다.

차를 끓이던 사원이 소곤거린다.

"역시 사장님다워요."

"그러게요. C 씨가 붕어빵을 좋아하잖아요."

"저게 사장님 나름의 배려겠죠."

"C 씨도 기분이 조금 풀린 것 같아요."

무슨 일인지 B 사장도 별로 미움받지 않는 것 같다.

주위에도 A 과장이나 B 사장 같은 인물이 있지 않은가? 결점도 많고 때론 주위를 곤란하게 만들지만, 어째서인지 미움은커녕 오히려 호감을 얻는 사람들이다.

A 과장의 후배나 B 사장의 사원들에게 "A 과장은 참 답이 없어", "B 사장 재수 없지 않아?"라고 말하면 아마 이런 대답이 돌아올 것이다.

"저 천하태평인 성격은 분명 답답하지만, 이상하게도 별로 밉지 않아요."

"혼나는 순간에는 화가 나지만, 그래도 B 사장님은 다정한

    마음 습관 하나. 부족함을 고치려고 하지 말고 인정한다

면이 있잖아요."

그렇다면 A 과장과 B 사장이 후배나 사원들에게 미움받지 않는 이유는 뭘까?

먼저 A 과장이다. 그는 결점 많은 사람이지만, 스스로 그 결점을 잘 안다. 그리고 그 결점을 동료들 앞에서 솔직하게 인정한다. A 과장이 회의실에 들어섰을 때 부끄러워하며 "미안, 미안!" 하며 사과하는 모습을 보면 알 수 있다. "나 또 지각이지?"라는 말에서도 자기 잘못을 알고 있음이 전해진다.

다음은 B 사장. 그는 성질이 불같아서 벌컥 화를 낸 뒤 사원에게 직접적으로 사과하지는 않았지만, 무언의 메시지로 '화내서 미안했다'라는 사과의 마음을 전하고 있다. 붕어빵이 바로 그 선물이자 무언의 메시지이다. 차를 끓이던 사원들의 대화를 통해 알 수 있듯, 이 메시지는 사원들에게 확실히 전해졌다. B 사장도 자기의 결점을 내심 솔직하게 인정하고 반성한다.

A 과장과 B 사장에게 미숙함이 있음에도 불구하고, 후배나 사원들에게 미움받지 않는 이유는 두 사람 모두 자신의 잘못과 결점을 솔직하게 자각하고 인정하기 때문이다.

'그런 간단한 방법으로 인간관계가 좋아질까?'라는 의문이 들 수도 있다. 그런데 사실, 자기 잘못과 결점을 솔직하게 자각하고 인정하기란 말처럼 쉽지 않다. 말로만 "죄송합니다"라고 사과하거나 "제가 부족한 탓입니다"라고 하는 것은 간단하다. 그런 형식뿐인 사과는 세상에 넘쳐 난다. 겉으로는 그렇게 행동하더라도 우리 마음속 작은 자아는 종종 이렇게 외쳐댄다.

'난 나쁘지 않아!'
'난 틀리지 않아!'
'난 잘못이 없어!'
'나와는 상관없어!'

그러나, 사람들은 형식적인 사과의 말보다 작은 자아의 외

 마음 습관 하나. 부족함을 고치려고 하지 말고 인정한다

침을 무언의 메시지를 통해 예리하게 알아챘다. A 과장과 B 사장은 각자 스타일은 다르지만, 진심으로 자신의 잘못과 결점을 자각하고 솔직하게 인정했다. 그리고 그것을 '말'과 '무언의 메시지'로 주위 사람에게 전했다.

자기의 잘못과 결점으로 상대방에게 폐를 끼쳤더라도 마음속으로 그것을 자각하고 인정하면 인간관계는 더 이상 나빠지지 않는다. 오히려 나빴던 관계가 회복될 수도 있다. 일상에서 인간관계가 어려워지는 이유는 서로 '상대방이 잘못했다', '나는 잘못하지 않았다'고 생각하기 때문이다.

'나의 잘못과 결점을 인정하라고 하지만, 애초에 그것이 불가능하니까 인간관계로 고민하는 게 아닌가?'라는 의문이 들 수도 있다. 만약 그 원인이 마음속 작은 자아라면 그 작은 자아에 어떻게 대처해야 할까? 이 의문에 대해서는 세 번째 마음 습관에서 상세히 다루겠다.

'잘못을 인정하라고 하는데 명백하게 나의 잘못이 없을 때도 잘못을 인정해야만 할까?'라는 의문도 들 수 있다. 이 역시 중요한 의문이다. 이와 관련해 우리는 '수용'을 이해할 필요가 있다. 이 부분도 세 번째 마음 습관에서 다루도록 하겠다.

 마음 습관 하나. 부족함을 고치려고 하지 말고 인정한다

잘못을
고치지 않아도
관계는 달라진다

지금까지 자신의 결점과 미숙함을 솔직하게 인정하는 습관에 관해 이야기했다. 잘못과 결점을 고치지 못하더라도 먼저 이를 인정한다면 인간관계는 더 이상 나빠지지 않는다. 하지만, 잘못을 인정하는 것을 넘어서는 더 깊은 세계가 있다. 그것은 무엇일까?

대학 시절, 나는 문화 동아리에서 활동했다. 동아리 대표인 선배는 수십 명의 동료들을 이끌 만큼 통솔력이 뛰어났지만, 제멋대로인 면도 있고 고집도 셌다.

그런데 아무도 그 선배를 나쁘게 말하지 않았다. 어느 날, 단 둘이 술 마시는 자리에서 잔뜩 취한 선배가 나에게 말했다.

"고마워. 나처럼 제멋대로인 놈을 잘 따라와 줘서."

이 말을 듣자, 동료들이 선배를 대표로 인정하고, 여러 결점에도 불구하고 아무도 나쁘게 말하지 않은 이유를 알 것 같았다. 선배는 자신의 잘못과 결점을 자각하고 인정하는 데 그치지 않고, 잘못과 결점까지 포함해 자신을 받아 준 동료들에게 진심으로 감사하고 있었다.

이 에피소드는 우리에게 중요한 사실을 일러 준다.

상대방에게 자신의 잘못과 결점을 인정하면

그것만으로도 인간관계는 훨씬 좋아진다는 것,

그리고 거기에 더해

잘못과 결점을 받아 준 상대방에게

감사하는 마음을 가지면

멋진 인간관계가 만들어진다는 것이다.

"감사하는 마음은 모든 것을 치유한다"라는 말처럼, 이 말
은 인간관계에서도 더없는 진실이다.

마음은
말보다 먼저
닿는다

앞의 에피소드에는 또 한 가지 중요한 가르침이 있다. 선배가 동료들에게 항상 고맙다고 말한 것은 아니다. 그런데도 그 생각이 동아리 동료들에게 전해졌다. 어떻게 자기 생각을 말하지 않았는데도 상대방에게 전해졌을까?

붕어빵을 사 온 B 사장의 에피소드에서 보듯, 결점을 인정하는 것 또한 상대방에게 반드시 말로 할 필요는 없다. 마음속으로만 잘못을 인정해도 그 생각은 신기하리만치 상대방에게 전해진다.

 마음 습관 하나. 부족함을 고치려고 하지 말고 인정한다

소통할 때, 말로 전해지는 것은 20%, 표정과 눈빛, 행동, 태도 등 말 이외의 메시지로 전해지는 것은 80%이기 때문이다. **그런 만큼 우리 마음속 생각은 말로 표현하지 않아도 말 이외의 메시지를 통해 저절로 상대방에게 전해진다.**

나는 젊은 날의 경험을 통해 이 사실을 깨달았다. 그래서 '마음속으로 나의 잘못을 인정하는 것'뿐만 아니라 한 걸음 더 나아가 한 가지 마음 습관을 더 실천해 왔다. **바로, 만나는 한 사람 한 사람에게 마음속으로 '고맙습니다'라고 감사 인사를 전하는 습관이다.** 이는 회의나 모임에서 특히 유용한 습관이다.

한 회사의 과장님을 찾아가게 되면, 그 회사 빌딩에 들어서면서부터 마음속으로 '과장님 고맙습니다'라고 마음속으로 말한다. 사내 회의가 있을 때도, 회의가 시작되기 몇 분 전에 등을 쫙 펴고 눈을 감은 다음 참석자 한 사람 한 사람에게 마음속으로 '고맙습니다'라고 말한다.

이 습관은 힘든 교섭이 예상되는 상담이나 열띤 논쟁이 예상되는 사내 회의에서, 상대방에게 직접 말하지 않고도 긍정적인 메시지를 전할 수 있는 좋은 방법이다. 또한, 자신의 마음을 편안하게 안정시키는 데도 큰 도움이 된다.

한편, 잘못을 인정한다는 생각을 상대에게 직접 전해야 할 때도 있다. 그럴 때는 어떻게 해야 할까? 이에 관해서는 다음 장에서 이야기하도록 하자.

   마음 습관 하나. 부족함을 고치려고 하지 말고 인정한다

마음속 그림자까지도
외면하지 말고 품어 주자.
결점도, 실수도, 서툼도
그 모두가 나를 이루는 조각들이다.

먼저 말을 걸고
눈을 맞춘다

人間力

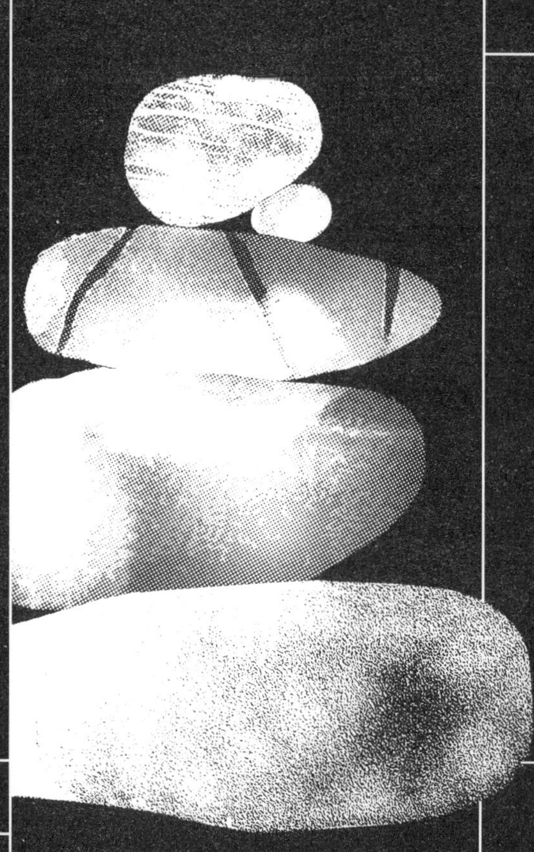

관계를
타인의 몫으로
남겨 두지 말 것

첫 번째 마음 습관으로, 마음속으로 자신의 부족함을 인정하는 습관에 관해 이야기했다. 인간관계에서는 말 이외의 요소, 즉 표정, 눈빛, 행동, 태도 등이 말보다 더 큰 영향력을 발휘하기에 마음속 깊이 부족함을 인정하는 것만으로도 상대방에게 진심이 전달되어 인간관계가 좋아진다.

더 나아가, 감정적으로 충돌하거나 마음이 멀어졌을 때도 마음속으로 잘못을 인정하는 것은 물론, 그것을 상대방에게 전달하는 것이 관계 회복의 지름길임을 강조했다.

하지만, 머리로는 이해해도 실제로는 쉽지 않다. 얼마 전 감정이 부딪쳤거나 마음이 멀어진 상대에게 선뜻 사과하기는 어렵다. 잘못을 인정하고 싶지 않은 마음이 남아 있는 데다, 잘못을 인정하더라도 상대가 거절하면 어떡하나 하는 불안이 있기 때문이다. 이럴 때는 어떻게 해야 할까?

두 번째 마음 습관인 '먼저 말을 걸고 눈을 맞춘다'를 떠올려본다.

잘못을 인정하면
마음 깊은 곳에서 소리가 난다

내가 기업에 막 입사했을 때다. 회의에서 동료들과 기획 방향이나 진행 방식을 놓고 종종 의견 충돌이 있었다. 젊은 혈기에 서로의 주장을 굽히지 않아 감정이 상하기도 하고 언성을 높이는 일도 잦았다.

그러고 나면 회의가 끝나도 상대와 마주치고 싶지 않을뿐 더러, 퇴근 후에도 회의에서 주고받았던 말이 떠올라 마음 한구석이 불편했다. 다음 날 아침이면 어김없이 어제의 대화가 떠올라 자기혐오에 빠지기도 했다. 그때, Y 교수의 따뜻한 눈빛과 함께 이 말이 떠올랐다.

"자넨 붙임성이 없어."

신기하게도 그 순간, 마음속 깊은 곳에서 나의 잘못을 인정하는 '붙임성 있는 마음', 즉 '유연한 마음'이 움트며 이런 생각이 들었다.

'그래, A도 자신의 방식대로 프로젝트를 걱정했던 거야. 내가 좀 더 이해해야 했는데.'

내 잘못을 인정하고 나면 저절로 마음 깊숙이에서 나 자신을 타이르는 소리가 들렸다. '오늘 회사에 가서 A와 만나면 내가 먼저 말을 걸자. 그리고 어제 일을 사과하자!'라고 다짐했다.

이렇게 마음먹고 출근한 아침, 복도 저편에서 A가 걸어 온다. A는 나를 보더니 거북한 듯 살짝 고개를 돌린다. 나 역시 A와 눈을 마주치는 게 왠지 불편하다. 그래도 A가 가까이 온 타이밍에 맞춰 힘겹게 목소리를 짜내어 간신히 말을 걸었다.

"A, 어제는 미안했어요. 내가 말이 조금 지나쳤어요."

돌이켜 보면 서툴고 부끄러운 기억이지만, 당시 나에게는 그것이 일종의 '수행'이었다.

사람인 이상, 우리는 누구나 잘못과 결점 같은 미숙함을 안고 살아간다. 그런 사람끼리 만나기에, 가정이든 직장이든 학교든 어떤 곳에서 만나는 관계든 반드시 서로의 감정이 부딪치거나 마음이 멀어지는 일이 생긴다. 특히 직장은 공동의 목표를 이뤄내기 위해 서로가 치열하게 노력하는 공

　　마음 습관 둘. 먼저 말을 걸고 눈을 맞춘다

간이다. 그래서 그곳에서는 더욱더 불화와 불신, 미움과 반발, 대립과 충돌이 빈번하게 발생한다.

나 또한 한 사람의 미숙한 인간으로서 그런 인간관계의 쓴맛을 봤고, 그때마다 틀어진 관계를 회복하기 위해 끊임없이 노력해 왔다. 직장에서 동료와 의견이 다르거나 감정이 부딪치거나 마음이 멀어질 때, 내가 택했던 마음 습관은 이렇게 먼저 말을 거는 것이었다.

화해하는 순간은
더 깊어지는
순간이다

'마음을 열고, 먼저 말을 건다.'

말은 쉽지만, 여간 어려운 일이 아니었다. 나의 잘못을 인정하는 것은 정말 쉽지 않았고, 용기 내어 먼저 말을 건네는 것은 더더욱 쉽지 않았다. 나의 등을 떠밀어 준 것은 Y 교수에게 들은 "자네는 붙임성이 없어!"라는 말 한마디였다. 망설여질 때마다 이 말이 떠올라 먼저 다가갈 수 있었다.

앞서 '평생 마음속에서 울려 퍼진 말'이라고 했는데, 정말이

마음 습관 둘. 먼저 말을 걸고 눈을 맞춘다

지 이 말은, 내가 인간관계의 벽에 부딪힐 때마다 항상 마음 속에서 울려 퍼져 때론 경종이 되고 때론 격려의 종소리가 됐다.

내가 '자신의 잘못을 인정하고 먼저 사과하는 것'을 수행이 라고 표현한 데는, Y 교수의 가르침뿐 아니라 또 하나의 가 르침이 큰 영향을 미쳤다. 바로 어머니의 가르침이다. 어머 니의 뒷모습을 보며 '유연한 마음'의 중요성을 깨우쳤다.

젊은 시절, 어머니와 격하게 의견이 대립하곤 했다. 지금 생 각해 보면, 그것은 나를 키우느라 고생하신 어머니의 노고 를 몰랐던 나의 미숙함 때문이었다. 어머니는 그런 아들에 게도 아낌없이 사랑을 주셨지만, 도리에 어긋나는 행동을 할 때는 따끔하고 엄하게 혼내시는 분이셨다.

어머니와 마음이 부딪칠 때면 나는 끓어오르는 화를 참지 못해 집을 박차고 나가기도 했다. 때론 다시 어머니에게 전 화해서 울분을 터트리기도 했다. 당연히 어머니도 감정이 있는 평범한 사람이기에, 자식의 모진 말과 버릇없는 행동에 화가 나지 않을 리 없었다. 마음이 진정되지 않으셨을 것이다.

하지만 갈등 뒤에 어머니에게 전화하면, 전화기 너머에서 들려오는 어머니의 첫 마디는 한결같았다.

"애야, 미안하구나!"

현명하고 지혜로우신 어머니는 자식의 모진 말과 버릇없는 행동까지도 모두 품어 주셨다. 어머니는 내가 전화할 때면 꼭 먼저 "미안하다"라고 말하셨다. 잘못한 것이 전혀 없어도 항상 먼저 미안하다고 말하셨다. 그 배려 깊은 말 한마디에 나의 굳었던 마음이 소리 없이 스르르 풀렸다.

어머니를 보며 '유연한 마음'의 중요성을 배웠다. **설령 나에게 잘못이 없다고 생각되더라도 먼저 마음을 열고 다가서며 때로는 사과할 수 있는 유연한 마음은 상대방의 마음에 고요**

히 스며든다는 것을 깨달았다.

물론 처음부터 어머니처럼 유연하게 행동할 수 있었던 것은 아니다. 하지만 어머니의 모습은 내 마음 깊숙한 곳에 '유연한 마음'의 씨앗을 심었고, 그 씨앗이 싹을 틔워 조금씩 자라났다. 사회생활을 하면서 나는 어머니의 태도가 '수용'이라는 마음 습관임을 알게 됐다. 이 내용은 다음 장에서 자세히 다루겠다.

삶에서 인간관계의 어려움을 겪을 때마다 "자네는 붙임성이 없어!"라는 Y 교수의 말과 "얘야, 미안하구나!"라는 어머니의 말이 마음 깊숙이 울려 퍼졌다. 그 말들은 항상 나의 등을 두드리며 격려했다. 덕분에 미숙한 나도 마음이 상하거나 멀어진 상대에게 먼저 다가갈 수 있었다.

눈 맞춤이
모든 것의 시작이다

물론 먼저 다가간다고 해도 처음에는 어색하기 짝이 없다.
특히 말은 어떻게 건넨다 해도, 먼저 눈 맞추기란 정말 어려
운 일이다.

완전히 사이가 틀어진 인간관계를 두고 '눈도 마주치지 않
는다'라고 하는데, 이는 역설적으로 인간관계를 원만하게
회복하려고 할 때는 먼저 눈 맞추는 게 중요하다는 것을 말
한다.

'눈은 입만큼 모든 것을 말한다'라고 하듯 눈빛은 말보다 더
많은 것을 전달한다. 첫 번째 마음 습관에서 이야기했듯, 소
통의 80%는 언어 외적 요소, 즉 표정과 눈빛, 행동, 태도 등
으로 이루어진다. 그중에서도 눈빛은 가장 강력한 소통 수
단이다.

이때는 중요한 건 억지로 표정을 만들 필요가 없다는 것이다. 우리는 표정을 만들 게 아니라 마음을 바로잡아야 한다. 마음속으로 자기 잘못을 인정하고, 상대에게 사과하고, 나아가 상대와 화해하고 싶다는 진심을 가지면, 이는 자연스럽게 눈빛과 표정에 드러난다.

부딪쳤을 때야말로
깊어지기 좋은 기회

인간관계가 틀어졌을 때 마음속으로 자기의 잘못을 인정하고 먼저 말 걸고 눈 맞추면 어떤 일이 일어날까? 멋진 일이 일어난다. 예를 들면, 앞서 소개한 나의 경험담이다. 나는 복도 맞은편에서 다가오는 A에게 어색해 하면서도 이렇게 말을 걸었다.

"A, 어제는 미안했어요. 내가 말이 조금 지나쳤어요."

이렇게 먼저 말을 거는 순간에는, 신기하게도 저절로 눈이 맞춰지고 주저하면서도 입에서 사과의 말이 나온다. A는 대답했다.

"아니에요. 나야말로 말이 지나쳤어요."

먼저 사과했을 때, 단 한 번도 상대에게 "그래, 당신한테 문제가 있어!"라는 말은 들은 적이 없다. 아니, 먼저 사과하면 상대에게 '반드시' A에게 들었던 말이 돌아왔다.

그 순간은 항상 멋졌다. 그 한마디에 얼어붙었던 마음이 눈 녹듯 사르르 녹아 이루 말할 수 없는 따스함이 느껴졌다. 나는 직장에서 여러 차례 이러한 마음에 남는 순간들을 경험했는데, 이로 인해 인간의 마음에 관한 중요한 두 가지를 배웠다.

하나는, 잘못을 인정하고 먼저 사과의 말을 건네면, 상대방 역시 대부분 자신의 잘못을 인정하고 사과한다는 것이다.

   마음 습관 둘. 먼저 말을 걸고 눈을 맞춘다

이 경험을 통해 '상대의 모습은 나의 거울'이라는 말이 진리임을 깨달았다.

또 하나는, 이렇게 화해하는 순간은 단순히 인간관계가 원래대로 회복하는 순간이 아니라 서로의 마음이 더욱 깊어지는 순간이라는 사실이다. 서로의 작은 자아가 부딪치는 경험은 대처만 잘한다면 서로를 더 잘 이해하고 관계를 더욱 돈독하게 만드는 좋은 기회다.

타인과 부딪치지 않는 인생,
마음이 멀어지지 않는 인생이
꼭 좋은 인생은 아니다.

타인과 부딪치고 마음이 멀어지고
그것을 초월해 깊이 이어지는 인생.
그것이야말로 좋은 인생이다.

마음이 부딪히지
않는 인생이
꼭 좋은 인생은
아니다

서로의 작은 자아가 부딪치는 경험이 관계를 더욱 돈독하게 하는 좋은 기회라고 했는데, 왜 이런 경험이 인간관계를 깊게 할까?

'의식' 차원에서 살펴보겠다. 누군가와 갈등이 있을 때, '표층 의식'에서는 상대에 대한 비판과 비난, 반감과 혐오 등의 감정이 나타난다. 반면, '심층 의식'에서는 두 가지 감정이 동시에 작동한다.

 마음 습관 둘. 먼저 말을 걸고 눈을 맞춘다

첫째, 자기혐오(스스로에 대한 혐오감)

둘째, 타자 불안(상대방에 대한 불안감)

우리는 누군가와 감정이 부딪쳤을 때, 표면적으로는 '저 사람은 왜 저렇게밖에 말하지 못할까?' 혹은 '왜 솔직하게 받아들이지 못할까?' 같은 형태로 상대의 말이나 태도를 비난한다.

하지만, 심층 의식에서는 '왜 나는 항상 남의 말에 감정적으로 반응할까?' 혹은 '상대의 기분을 헤아려 말해야 했는데'와 같은 반성과 함께 '자기혐오'가 생긴다.

그리고 표면적으로는 '저 사람을 용서할 수 없어!', '더 이상 얼굴을 마주하고 싶지 않아!' 같은 식으로 상대에게 혐오의 감정이나 반감이 들지만, 마음 깊숙이에서는 '어딘가에서 내 험담을 하지는 않을까?' 같은 '타자 불안'이 솟아오른다.

다른 사람 앞에서 누군가를 혹독하게 비판하거나 신랄하게 험담을 늘어놓을 때, 순간적으로는 속이 후련해지는 듯하지만, 얼마 안 가 왠지 모를 '꺼림칙함'을 느끼는 이유는 바로, 이 심층 의식에 생겨나는 자기혐오와 타자 불안이다.

심층 의식의 세계를 이해한다면, 감정이 부딪치거나 마음이 멀어진 후에 상대에게 먼저 말을 걸어 사과하는 것이 왜 중요한지 알 수 있다. **이는 자신과 상대의 마음속에 있는 자기혐오와 타자 불안의 감정을 동시에 완화하고 해소하는 행위이다.**

상대에게 미안하다고 먼저 사과함으로써 우리는 인간관계의 회복을 넘어 마음 깊숙이 있는 자기혐오와 타자 불안의 감정을 완화하고 해소할 수 있다. 또한, 상대도 잘못을 인정하고 사과하기 훨씬 수월해져 자기 마음 깊숙이에 있는 자기혐오와 타자 불안의 감정을 완화하고 해소할 수 있다.

감정이 부딪쳤을 때, 상대 역시 심층 의식에서는 자기혐오의 감정 때문에 사과하고 싶어 한다. 그리고 타자 불안의 감정 때문에 화해하고 싶어 한다. 이럴 때 먼저 솔직하게 사과하면, 오히려 관계가 더 깊어질 수 있다. 이것이 작은 자아가 부딪치는 경험으로 서로가 더욱 돈독해지는 이유이다.

더 나아가, 또 한 가지 이유가 있다. **감정이 부딪친 후 서로 마음을 열어 사과하고 화해하면 심층 의식 세계에 '수용 감각'이 생겨난다는 것이다.**

부딪치기 전에는 '상대는 나의 결섬을 받아 줄 수 있을까?' 하는 불안이 있지만, 화해를 통해 '상대는 나의 결점과 미숙함도 포함해 다 받아 줬다'는 안도감이 생긴다. 이는 서로의 인간관계를 더욱 깊게 만들어 준다.

누구나 자신의 결점과 미숙함을 안다.
그 때문에 상대방이
자신의 결점과 미숙함도 포함해
인정하고 받아 주기를 은근히 바란다.
부딪친 후 화해함으로써 생기는 수용 감각이

인간관계를 더욱 깊게 해 주는 이유는 그 때문이다.

가족의 끈끈한 유대 또한 '수용 감각'에서 비롯된다. 오랜 시간 함께 생활하며 서로의 결점과 미숙함을 드러내고 작은 자아를 부딪쳐 가는 가족이라는 존재. 가족이야말로 '나의 결점과 미숙함도 다 받아 준다'라는 의미에서 우리가 가장 깊이 '수용 감각'을 느낄 수 있는 존재이다.

먼저 마음을
열었는데
거부당할까
두렵다면

지금까지 한 말에 이러한 의문이 들 것이다.

'갈등했던 상대에게 먼저 마음을 열고 다가갔는데 상대가
마음을 열지 않는다면 어떻게 해야 할까?'

세상에는 분명 다양한 인간관계가 있다. 내가 먼저 마음을
연다고 상대도 똑같이 마음을 열어 주리라는 보장은 없다.
당연히 상대가 마음을 열지 않아서 마음에 상처를 입기도
한다.

만일, 거절당할까 봐 두려운 독자가 있다면 굳이 '그래도 먼
저 마음을 열어야 한다'라고 말하지는 않겠다. 대신 세 가지
관점을 말해 주고 싶다.

**첫 번째, 인간의 마음은 우리가 생각하는 것 이상으로 유연
하다.**

나는 지금까지 인생의 다양한 상황에서 '자신의 잘못을 인
정하고 마음을 열어 솔직하게 사과하는 것'을 내 성장을 위
한 마음 습관으로 실천해 왔다. 이렇게 해도 상대가 마음을
열어 주지 않았던 때는 손에 꼽을 정도다.

이 경험을 통해 인간의 마음은 우리가 생각하는 이상으로
'유연함'을 갖고 있음을 배웠다. 더는 손쓸 방법이 없다고
생각할 만큼 냉랭해진 인간관계가 마음을 담은 한마디에
봄눈 녹듯 녹아드는 상황도 여러 차례 경험했다.

두 번째, 먼저 마음을 열면 무엇보다 자신의 마음이 구원받

   마음 습관 둘. 먼저 말을 걸고 눈을 맞춘다

<u>는다.</u>

누군가와 마음이 부딪쳤을 때 우리의 표면 의식에서는 상대를 비판하거나 비난하는 감정이 생기지만, 심층 의식에서는 자기혐오와 타자 불안의 감정이 생겨 자기 자신을 괴롭힌다.

이때, 우리가 잘못을 인정하고 마음을 열어 솔직하게 사과하면 그런 자기혐오와 타자 불안의 감정이 엷어서 마음에 평화가 찾아온다.

<u>세 번째, 상대가 마음을 열지 않아도 나의 마음은 전해진다.</u>

상대가 마음의 벽을 단단히 쳤다면, 우리가 먼저 잘못을 인정하고 사과해도 마음을 열어 주지 않을 수 있다. 하지만, 그렇게 표면적으로는 거절하더라도 상대에게 우리의 마음은 고스란히 전해진다. 자연히 상대의 심층 의식에 있는 자기혐오와 타자 불안의 감정이 누그러진다.

이 세 가지 조언에 더해, 간과해서는 안 될 중요한 사실이 있다. 만약 '어차피 상대는 마음을 열지 않을 거야'라는 생각으로 화해하려는 노력을 전혀 하지 않는다면 어떤 일이 벌어질까?

최악의 경우, 아무것도 하지 않음에도 불구하고 관계는 끊임없이 나빠진다. 이는 인간 마음 안에 있는 '자기 정당화'와 '자기 방위'라는 심리적 기제 때문이다.

인간관계가
나빠지는
진짜 이유

누군가와 감정이 부딪혔을 때 우리의 심층 의식에서는 자기혐오와 타자 불안이 생겨나 은밀하게 우리를 괴롭힌다고 했다. 이때 자기혐오와 타자 불안을 해소하는 가장 이상적인 방법은 상대방과 화해하는 것이지만, 우리의 마음속 '작은 자아'는 종종 그 반대 방향으로 움직인다.

자기혐오라는 불편한 감정을 떨쳐내기 위해, 우리는 오히려 상대방의 결점과 문제점을 집중적으로 찾아내기 시작한다.
'그래, 내가 그 사람을 비판하고 비난했던 것은 결코 잘못된 것이 아니었어!'라고 자신의 행동을 무의식적으로 정당화하려는 것이다.

심리학 연구에 따르면, 특정 자동차의 매력을 소개하는 카탈로그를 읽는 사람 중에는 이미 그 차를 구매한 사람들이 많다고 한다. 이는 카탈로그를 읽음으로써 자신의 선택이 옳았음을 재확인하려는 심리 때문이다. 이처럼 인간의 마음은 과거의 선택이나 행위를 정당화하려는 강한 경향을 보인다.

따라서 누군가와 감정이 충돌하거나 마음이 멀어지면, 우리는 자신의 행위를 정당화하기 위해 무의식적으로 상대방의 결점이나 문제점을 찾는다. 또한, 마음 깊숙이 '상대가 나를 비판하지는 않을까?' 혹은 '상대가 누군가에게 내 험담을 늘어놓지는 않을까?' 하는 타자 불안을 품게 되면, 무의식적으로 방어 본능이 작동해 자기방어로 치닫게 되고, 이는 상대를 향한 비판과 공격성을 더욱 심화시킨다.

이것은 인간관계가 나빠질 때 나타나는 보편적인 심리 과정이다. 하지만 '어차피 상대는 마음을 열지 않을 거야'라고 생각하며 화해하기를 포기한다면, 이러한 심리적 악순환으로 인해 관계는 더욱 심각하게 나빠질 수 있음을 명심해야 한다.

그렇다면, 상대방이 마음을 열지 않을 때 어떻게 대처해야 할까? 또한, 애초에 자신의 잘못을 인정하고 솔직하게 사과하고 싶은 마음이 들지 않을 때는 어떻게 해야 할까?

이러한 질문에 '노력해서 마음을 열어야만 한다'와 같은 원론적인 답변은 실질적인 도움이 되지 않는다. 이 질문에 답하기 위해서는 우리 마음속 '작은 자아'에 대해 더 깊이 고민해 봐야 한다. 다음 장에서 '작은 자아'를 파헤쳐 보고자 한다.

마음 습관 셋.

마음속
작은 자아를
바라본다

人間力

왜 우리는
자신의 잘못을
인정할 수 없을까

일상의 인간관계 속에서 인간을 수양하는 세 번째 마음 습관은 '마음속 작은 자아를 바라보는 것'이다. 첫 번째 마음 습관으로 자신의 부족함을 인정하는 마음을 강조했지만, 우리 마음은 때로는 자신의 부족함을 인정할 수 없는 상황에 놓이기도 한다. 그 이유는 바로 마음속 '작은 자아' 때문이다.

우리는 왜 잘못을 인정할 수 없을까? 왜 마음속 작은 자아가 원인일까?

한 직장의 리더 A 씨가 큰 실수를 저질렀다. 누가 봐도 책임이 명백하다. 자신도 그 사실을 잘 알고 있다. 그런데 상사가 "왜 그런 실수를 했냐?"라고 나무라자 "확인하지 못한 제 실수입니다"라고 솔직하게 말하지 못한다. 자기도 모르게 "제 실수가 맞지만, 이렇게 바쁠 때 B 씨라도 좀 더 신경 써 줬다면 이런 일은 없었을 겁니다"라고 말해 버린다.

상사에게 그 말을 들은 B 씨, 배신감에 이를 간다. 어제부터는 회사에서 눈도 맞추지 않는다. A 씨는 왜 자기도 모르게 B 씨에게 책임을 넘겨 버렸을까? A 씨는 그 이유를 아주 잘 알고 있다. 잘못을 인정하면 상사의 평가가 떨어지고, 무능한 사람으로 찍혀 동료 앞에서 체면이 서지 않으며, 자존감이 무너져 자신이 가치 없는 인간처럼 생각될까 봐 두렵기 때문이다.

－

회의에 참석한 C 씨. 다가올 축제 운영에 관해 D 씨와 의견

　마음 습관 셋. 마음속 작은 자아를 바라본다

이 부딪쳤다. 처음에는 화기애애했지만, D 씨의 사소한 한마디로 논쟁이 불거지며 심한 말이 오가게 됐다. D 씨는 C 씨의 말에 자존심이 상해 흥분하는 바람에 결국 싸움이 벌어지고 말았다. 주위에서 말려 일단 수습됐지만, C 씨는 집에 돌아와서도 울분이 가라앉지 않는다. 가족에게 "D는 축제에 대해 아무것도 모르면서 잘난 척만 해", "사람이 너무 감정적이야"라고 비판한다.

그런 한편으로 C 씨는 이런 생각도 들었다.

'나야말로 왜 그 한마디에 그렇게 감정적으로 됐을까. 확실히 D의 말도 일리가 있긴 해. 나 역시 말이 지나쳤어.'

하지만 C 씨는 자기 잘못을 인정할 수 없다. 체면이 있기 때문이다. D 씨에게 얕보이고 싶지 않을뿐더러 자신의 평판을 떨어뜨리고 싶지도 않다.

A 씨와 C 씨의 사례처럼, 우리가 잘못을 인정하지 못하는

경우는 대부분 마음속에서 작은 자아가 움직이고 있다.

A 씨의 경우 '상사의 평가가 떨어질까 두렵다', '가치 없는 인간이 되고 싶지 않다' 같은 생각이고, C 씨의 경우 'D에게 얕보이기 싫다', '내 평판을 떨어뜨리고 싶지 않다'와 같은 생각이다. 이런 생각은 전부 마음속 작은 자아의 움직임 때문이다. 이 작은 자아는 마음 깊숙이에서 항상 '나는 옳아!', '나는 나쁘지 않아!', '난 잘났어!', '나에겐 잘못이 없어!'라고 외치며 '난 바뀌고 싶지 않아', '난 이대로 좋아'라고 부르짖는다. 그리고 항상 자기 잘못이나 결점을 바라보고 인정하기를 거부한다.

마음속 작은 자아는 자기의 잘못, 결점, 그리고 미숙함을 인정할 수밖에 없는 상황에 맞닥뜨리면, 다른 사람에게 책임을 떠넘기거나 남의 잘못, 결점, 미숙함을 말함으로써 현실의 자기 모습을 직시하지 않으려고 한다.

    마음 습관 셋. 마음속 작은 자아를 바라본다

'큰 자아'와
'작은 자아'는
늘 싸운다

우리의 마음속에는 이런 성질을 가진 '작은 자아'가 있는 한편, '큰 자아'도 존재한다. 큰 자아는 작은 자아와 달리 '지금의 나를 바꿔 성장하고 싶다', '더 성숙한 사람이 되고 싶다'라는 바람을 가지고 있다.

우리가 잘못을 인정하지 못할 때는 작은 자아가 '나는 옳아', '난 잘났어', '난 바뀌지 않아'라고 외치며 큰 자아를 압도하는 상황이다.

이와 반대로, 솔직하게 자기의 잘못을 인정할 때는 '나의 부족한 부분을 인정하고 더욱 성장하자', '이 미숙함을 극복해 더 성숙한 사람이 되자'와 같이 큰 자아가 승리하는 상황이다.

이 둘은 항상 마음속에서 눈에 보이지 않는 싸움을 하는데, 특히 다른 사람에게 '귀 기울여야 할 비판'이지만 '듣기 거북한 비판'을 들었을 때 두드러지게 나타난다.

그 비판을 어떻게 받아들일 것인가.
그 비판에 어떻게 대처할 것인가.

나는 일의 특성상 오랫동안 다양한 경영자를 만나 왔다. 그런데 아무리 나이가 들고 아무리 우수한 업적을 남긴 경영자라도 역시 마음속에는 작은 자아가 있음을 알게 됐다. 때론 작은 자아와 큰 자아가 눈에 보이지 않는 싸움을 하는 순간도 목격했다.

한 중소기업의 경영자는 일에 대해 지적당하자 '그렇지 않다'라고 단칼에 부정했다. 순간적으로 감정적 반발을 내비친 것을 보면, 그 말이 꽤 듣기 거북한 지적이었음을 알 수 있다. 하지만 유감스럽게도 그 순간, 경영자의 마음은 잘못한 게 없다고 부르짖는 작은 자아의 소리에 점령당했다.

어느 벤처기업의 경영자는 마찬가지로 경영상의 문제를 지적당했을 때, 순간 받아들이기 어렵다는 표정을 지었지만, 바로 "그럴 수도 있겠군요"라고 밀했다. 지적당한 순간에는 마음속에서 작은 자아가 움직였지만, 그 즉시 '내가 경영자로 성장하려면 어떤 지적도 마음을 비우고 받아들여야 한다'라는 큰 자아가 앞으로 나왔던 것이다.

어느 대기업 경영자는 일부러 경영 간부 전원에게 자신의 문제점을 지적해 달라고 했다. 그러자 한 간부가 망설이지 않고 솔직하게 조목조목 의견을 말했다. 마지막에 경영자는 "우와. 정말 정곡을 콕콕 찌르는 말만 하시는군요. 얼음물로 샤워한 느낌입니다. 정신이 번뜩 들었어요"라고 헛헛하게 웃으면서도 그 말을 진심으로 받아들였다. 그 표정은 마음속 작은 자아가 억지로 겸허함을 가장한 모습이 아니라 경영자로서 성장하려는 큰 자아가 승리한 모습이었다.

물론 이것은 경영자나 관리자에게 국한된 것만은 아니다. 직장인이든 학생이든 주부든 인간이라면 누구나 마음속에 작은 자아와 큰 자아가 눈에 보이지 않는 싸움을 하고 있다.

이들의 모습에서 볼 수 있듯, 큰 자아의 소리에 따라 움직이는 사람에게서는 '겸허함'이 느껴지지만, 작은 자아의 소리에 지배당한 사람에게서는 종종 '거만함'이 느껴진다. 왜 그럴까?

진짜 자신감이
없으면
겸허해질 수 없다

임상심리학자 가와이 하야오 씨의 말이 지금도 생생하다.

"인간은 자신에게 진짜 자신감이 없으면 겸허해질 수 없어요."

이 말을 듣고 '실은 그 반대가 아닐까?'라고 생각하는 독자들도 있을 것이다.

'자신감이 없으니까 겸허해지는 게 아닐까?'

'자신감이 붙으면 거만해지지 않을까?'

하지만, 그렇지 않다. 가와이 하야오 씨가 지적한 대로 인간은 자신에게 진짜 자신감이 없으면 겸허해질 수 없다. 내가 과거에 만난 수많은 사람을 되돌아봐도 이 말은 정확하게 맞아떨어진다. 겸허함이 몸에 밴 인물을 보고 있으면, 확실히 온화한 인품과 '조용한 자신감'이 느껴진다.

진짜 겸허함이란 '자기의 결점과 미숙함을 솔직하게 인정하는 것'이며 그 잘못과 결점과 미숙함을 하나하나 극복하면서 성장하려는 자세다.

앞서 소개한 세 경영자를 예로 말하자면, 상대의 쓴소리에 헛헛하게 웃으면서도 정신이 번뜩 들었다고 말한 세 번째 경영자가 바로 겸허함을 지닌 인물이다. 첫 번째 경영자는 '진짜 자신감'을 갖지 못해서 상대 의견에 겸허하게 귀 기울이지 못했다.

 마음 습관 셋. 마음속 작은 자아를 바라본다

이렇게 말하면 또 다른 의문이 들 것이다.

'그래도 첫 번째 경영자는 기업 경영에서 뛰어난 업적을 남겼다. 그렇다면 진짜 자신감을 가진 게 아닌가?'

경쟁에서 이긴다고
자신감이
생기지 않는다

그렇지 않다. 나름의 업적을 쌓은 경영자라도 내면에 진짜 자신감을 갖추지 못한 경우가 많다. 바로, 경쟁에서 이기는 것으로 자신감을 얻으려 했기 때문이다. 진짜 자신감이란, 타인과의 경쟁에서 이겨야 얻을 수 있는 게 아니다.

왜냐하면, 하나의 경쟁에서 이기더라도 반드시 다음 경쟁이 따르기 때문이다. 따라서 하나의 경쟁에서 승리해 얻을 수 있는 자신감은 '일시적인 자신감'에 지나지 않는다. 오히려 마음 깊숙한 곳에는 '다음 경쟁에서 지면 어떡하지?' 하는 불안감이 퍼진다.

한 벤처기업의 경영자는 격심한 경쟁 속에서 기업을 이끌어 가면서 사원들에게 종종 "나는 지지 않습니다!"라고 힘주어 말한다. 그 모습을 보면 오히려 자신감이 부족하고 불안하다고 여겨진다. 이는 두렵게도 사원들의 심층 의식에도 퍼진다.

진짜 자신감을 가진 사람은 애초에, "나는 지지 않아!" 따위의 말을 하지 않는다. **경쟁에서의 승패로 자신이라는 인간의 가치가 정해진다고 생각하지 않기 때문이다.**

하지만, 세상에는 경쟁에서 이겨 자신이 가치 있는 인간임을 증명하려는 사람이 많다. 승승장구하던 경영자가 기업 윤리에 반하는 행위를 하거나, 스포츠 경기에서 크게 우승한 선수가 사회 윤리에 반하는 행위를 하는 모습에서 알 수 있다.

이 '진짜 자신감'의 결여는 수많은 경쟁을 일상에서 겪는 경영자나 운동선수들에게만 국한된 것은 아니다.

모두가 부러워할 만한 학력과 경력을 가진 사람이 진짜 자신감이 없는 모습도 종종 눈에 띈다. 그런 훌륭한 스펙들을 갖고 어떤 사회적 지위를 얻자, 온몸 가득 거만함을 풍기는 인물이다. 가와이 씨의 말처럼 인간은 자신감이 없으면 결코 겸허해질 수 없다.

왜 모두가 부러워하는 훌륭한 학력과 경력을 가진 사람이 내면에 진짜 자신감을 키우지 못했을까. 그 이유는, 그 가짜 자신감의 원천인 '학력'이 경쟁에 이겨야 비로소 얻을 수 있는 것이기 때문이다.

치열한 경쟁을 뚫고 얻어낸 결과인 만큼, 아무리 경쟁에서 계속 승리해도 항상 더 높은 경쟁에 말려들게 된다. 시험에서 좋은 성적을 받아 유명한 대학에 들어가도, 다시 성적으로 경쟁을 한다. 그 경쟁에서 이겨 탄탄하다고 소문난 대기업에 합격해도 그 안에 서열이 있고 승진을 둘러싼 경쟁이 있다. 끊임없이 타인과 비교당하고 만다. 그런 까닭에 항상 패자가 될지도 모른다는 불안감이 마음 깊숙이 퍼져 있어 절대 진짜 자신감을 얻지 못한다.

그런 경쟁의 세계를 걷는 한, 경쟁에서 이기는 것을 자신의 가치라고 생각하는 한, 경쟁에서 패할지도 모른다는 불안과 경쟁에서 패했을 때의 열등감은 맛볼 수 있어도 진짜 자신감과 진짜 겸허함은 절대 익힐 수 없다.

훌륭한 학력과 경력에도 불구하고 마음 깊숙이에는 '은근한 열등감'을 갖고 주위 사람들의 마음을 멀어지게 만드는 '거만함'을 무의식적으로 드러내는 모순적인 인간이 생길 뿐이다.

진짜
강하지 않으면
감사할 수 없다

앞서 소개한 가와이 하야오 씨와의 대담에서, 그는 "인간은 자신에게 진짜 자신감이 없으면 겸허해질 수 없다"라고 한 말에 이어서 또 한 가지 마음에 남는 말을 했다.

"인간은 자신에게 '진짜 강인함'이 없으면 '감사'할 수 없어요."

이 말 역시 진리다. 말뿐인 감사라면 누구라도 할 수 있다. 날마다 누구나 하고 있다. 자신에게 무언가를 해 준 사람에게 "감사합니다"라고 인사하는 일은 세상에 넘쳐 난다. 하지만 그런 말에 "정말 감사한 마음이 있는가?"라고 묻는다면, 반사적으로 나오는 예의 차원의 말인 경우가 대부분이다.

만일, 눈앞에 그 사람이 없어도 혼자 마음속으로 감사한 마음을 갖는다면 그것이 바로 '진짜 감사'이다.

예를 들면, 결혼생활을 길게 하다 보면 배우자에게 약간의 불만은 생기기 마련이다. 하지만 혼자 있을 때 마음속으로 배우자에게 '언제나 나를 응원해 줘서 고맙다'라는 생각을 한다면 그것이야말로 '진짜 감사'이며 가와이 씨의 말처럼 그 사람은 강인한 마음을 지닌 사람이다. 우리는 마음이 약할 때 상대에게 바라는 요구와 불만이 늘어 상대에게 감사한 마음을 가질 수 없게 되기 때문이다.

한 작은 기업의 경영자는 아침에 일어나면 마음속으로 모든 사원의 얼굴을 하나하나 떠올리며 '고마워', '고마워'라고 말하며 감사한 마음을 갖는다고 한다. 이 경영자야말로 강인한 마음의 소유자다.

보통 회사에서 실적이 나빠지거나 분위기가 안 좋아지면, 아침에 일어난 순간 사원들을 떠올리며 '왜 그럴까?', '좀 더 분발하면 좋겠는데' 하는 생각을 한다. 하지만 그런 생각이 떠오른 순간, 한 사람 한 사람의 얼굴을 떠올리며 마음속으로 감사의 말을 하고 감사의 마음을 품는다면 그것이야말로 더없이 강인한 마음이다.

인간의 마음은 이렇듯 신기하다. 마음속으로 수십 초 동안 감사의 말을 되뇐 후에 '왜 그럴까?', '좀 더 분발하면 좋겠는데' 하는 생각으로 돌아오면 그때의 마음은 아침에 일어났던 순간의 마음과는 전혀 달라져 있다.

이것은 작은 기업의 경영자뿐만 아니라 작은 직장의 매니저나 리더에게도 마찬가지다. 대기업의 경영자나 리더에게도 똑같이 감사의 행동을 요구하는 말이 있다. 아주 오랫동안 전해 내려온 말이다.

"천 명의 우두머리가 될 인물은 천 명에게 머리를 숙일 수 있어야 한다."

이 말은 '머리'라는 말을 두 번이나 사용한 격언으로 리더의 자리에 있는 사람이라면 누구라도 마음에 새겨야 할 말이다.

'진짜 자신감'과 '진짜 강인함'을 기르는 법

만일 자신에게 진짜 자신감이 없다면, 그래서 겸허해질 수 없다면 진짜 자신감은 어떻게 익혀야 할까? 만일 자신에게 진짜 강인함이 없다면, 그래서 감사할 수 없다면 진짜 강인함은 어떻게 익혀야 할까?

물론 이 질문에 간단하게 답하기는 어렵지만, 한 가지 중요한 사실을 말해 두겠다. 이 말은 거꾸로 해도 진실이라는 사실이다.

 마음 습관 셋. 마음속 작은 자아를 바라본다

**인간은 겸허함의 수행을 계속하면
저절로 진짜 자신감이 붙는다.**

**인간은 감사의 수행을 계속하면
저절로 진짜 강인함이 붙는다.**

매일의 생활에서, 겸허함의 한 표현인, '자기 잘못을 인정하기'를 계속하면 저절로 조용한 자신삼이 봄에 밴다.

앞서 소개한 작은 기업의 경영자처럼 회사가 힘들어졌을 때도, 아침에 일어난 후 마음속으로 사원 한 명 한 명에게 감사하는 수행을 거듭하면 저절로 조용한 강인함이 몸에 밴다.

떠안는 마음이
진짜를
만든다

앞의 두 가지 수행을 겸한, 훌륭하고도 심오한 '마음 습관'이 있다. 젊은 날, 내가 상사에게 중요한 것을 배웠던 에피소드를 소개한다.

내가 한 기업에 들어가 신입사원으로 일하기 시작했던 무렵의 일이다. 어느 날, 한 상사가 함께 저녁 식사를 하자고 했다. 레스토랑에서 즐겁게 식사하고 마지막으로 커피를 마실 때 그 조용한 상사가 문득 혼잣말처럼 말했다.

마음 습관 셋. 마음속 작은 자아를 바라본다

“매일 회사에서 다양한 문제에 부딪혀서 고생했지. 그때는 회사 방침과 주위의 누군가에게 책임이 있다는 생각에 화가 나기도 했어. 그런데 집에 돌아와 곰곰이 생각해 보면 항상 한 가지 결론에 이르게 되더라고. **모든 원인은 나에게 있다고 말이야. 그 사실을 깨닫게 된 거야.**”

이 말을 듣고 처음에는 상사가 고충을 털어놓는다고만 생각했는데, 혼자 밤길을 걷다 불현듯 그 말이 마음에 떠올랐다. 그리고 깨달았다. 상사는 자신의 이야기를 통해 젊고 미숙한 한 인간에게 중요한 가르침을 준 것이다.

'떠안아라!'

모든 것을 자신의 책임으로 떠안는 것.

상사는, 당시 나와 한 프로젝트를 함께하고 있었다. 그는 의견이 달라 불만을 품고 있던 나에게 마음가짐의 중요성을 완곡한 표현으로 가르쳐 줬다.

인생에서 어떤 문제에 직면하게 되면, 다른 사람에게 책임을 묻고 싶어진다. 하지만 그럴 때도 마음속으로 '나에게도 책임이 있었던 것은 아닐까?', '나에게 잘못이 있지는 않았을까?'라고 묻는 게 '떠안음'의 자세다.

이러한 마음 자세를 소중히 여기며 인생의 문제에 대처해간다면, 모든 문제를 성장의 밑거름으로 바꿀 수 있다. 그리고 언젠간 자신이 삶에서 무엇보다 중요한 것을 배웠음을 깨달을 것이다. 그렇게, 우리는 분명 한 사람의 인간으로서 성장하게 될 것이다.

떠안아라.
그러면 인생의 모든 문제가
결국 당신을 위한 것임을
알게 될 것이다.

스스로 '싫어하기'로 선택했음을 안다

세상에
'원래' 싫은 것은
없다

아무리 애를 써도 좋아지지 않는 사람이 있다. '감정의 문제
는 어쩔 수 없다'라는 말이 있지만, 누군가를 좋아할 수 없
는 것이 단순한 감정의 문제일까?

분명 싫은 사람을 좋아하게 되는 일은 쉽지 않다. 하지만 싫
은 사람을 좋아하도록 '노력'할 수는 있다. 그래서 네 번째
마음 습관은 '스스로 싫어하기를 선택했음을 아는 것'이다.

어떻게 싫은 사람을
좋아할 수 있을까

내가 회사에 막 취업했을 때, 모든 신입사원 앞에서 인사부장의 말이 있었다. 그때 그 말이 지금도 귀에 생생하다.

"여러분들은 내일부터 각 부서에 배치됩니다. 그래서 한 가지 조언을 하겠습니다. 배치되면 가장 먼저 사무실을 둘러보세요. **거기에서 가장 좋아지지 않을 것 같은 사람을 찾으세요. 그 사람을 찾으면 그 사람을 좋아하도록 하세요.**"

그 말을 들은 순간, 귀를 의심했다. '가장 좋아지지 않을 것 같은 사람을 좋아하라'라는 말은 무리한 요구라고 생각했기 때문이다.

'좋고 싫은 건 감정의 문제인데 의지로 어떻게 바꿀 수 있다는 말인가?'

    마음 습관 넷. 스스로 '싫어하기'로 선택했음을 안다

인사부장의 말에 가장 먼저 든 생각이었다. 그렇지만, 현장에서도 상사와 선배들에게 "사람을 좋아하라"라는 말을 들으며 일하다 보니 그 의미를 점차 깨닫게 됐다. 팀원들을 좋아하는 일은 중요한 마음가짐이었다. **'좋고 싫음'은 단순한 감정의 문제가 아니라, 노력에 따라 바꿀 수 있는 의지의 문제임을 몸소 깨닫게 됐다.**

세상에는 "싫은 건 죽어도 싫다"라는 말을 아무렇지 않게 하는 사람이 있는데, 안타깝게도 성숙하지 못한 말이다. 아무리 노력해도 좋아지지 않는 사람이 있다는 사실을 부정하는 건 아니지만, "싫은 건 죽어도 싫다"라는 말은 적어도 '좋아하도록 충분히 노력'한 다음 진심에서 우러나와야 할 말이다.

미숙한 인간인 나의 인생을 돌이켜 봐도, 만난 당시에는 '아무리 노력해도 좋아할 수 없다'라고 생각이 들던 사람과, 오랫동안 함께하면서 신기할 만큼 깊은 유대를 맺게 된 적이 몇 번이나 있다.

그 걸음의 궤적은, 인간으로서 나의 성장과 성숙의 궤적이기도 하다. 따라서 '상대를 좋아하도록 노력하는 것'을 삶에서 꼭 필요한 '마음 습관'이라고 말하고자 한다.

어떻게 하면 좋아할 수 없는 사람을 의식적으로 좋아할 수 있을까? 간단한 방법은 없지만, 참고가 될 만한 다섯 가지 관점이 있다.

 마음 습관 넷. 스스로 '싫어하기'로 선택했음을 안다

결점은 없고
개성만이
존재한다

첫 번째, 원래 결점은 존재하지 않고 개성만이 존재한다는 관점이다.

우리는 왜 누군가를 미워할까? 우리는 종종 다른 사람을 좋아할 수 없을 때 "그의 어떤 결점이 싫다", "그의 어떤 결점은 참을 수가 없다"와 같은 말을 하는데 대체 이 결점이란 무엇일까?

이를 잘 보여 주는 단어들이 있다. '발효'와 '부패'다. 과학에

서 정의한 이 말의 의미를 알면 누구나 비과학적 정의에 놀
랄 것이다.

예를 들어, 우유를 '발효'시키면 요구르트가 된다. 한편, 우
유를 '부패'시키면 썩은 우유가 된다. 이 '발효'와 '부패'의
차이는 무엇일까? 과학 교과서에는 이렇게 쓰여 있다.

**'발효도 부패도 미생물이 유기물질을 분해하는 작용이다. 그
중 인간에게 유익한 것을 발효라 부르고 인간에게 해로운 것
을 부패라 부른다.'**

우리는 발효와 부패를 정의할 때, 인간에게 유익하면 발효
라고 부르고 해로우면 부패라고 부른다. 인간 중심적 관점
이다. 이와 마찬가지로, 한 인간의 장점과 결점을 논할 때
우리는 자기에게 유리한 것을 장점이라 부르고, 자신에게
불리한 것을 결점이라 부른다. 나라는 인간을 중심으로 한
인간 중심적 관점이다.

   마음 습관 넷. 스스로 '싫어하기'로 선택했음을 안다

여기, 어떤 사람이 있다. 그의 성격에 대해 주변의 의견을 들어 보면 전혀 다른 평가가 돌아올지도 모른다.

"그는 대범한 성격이라 함께 있으면 마음이 편안해요."
"그는 소심한 면이 있어서 급한 일을 부탁하면 제가 다 초조해져요."

여기에 또 다른 사람이 있다. 그의 성격에 관해 주변의 의견을 들어 보면 역시 전혀 나른 평가가 놀아올지도 모른다.

"그는 일 처리가 야무져서 함께 일하면 도움이 정말 많이 되어요."
"그는 성격이 급해서 일을 시키면 왠지 불안해요."

이처럼 한 사람의 성격은 그것을 보는 태도와 처한 상황에 따라 장점이 되기도 하지만 결점이 되기도 한다. **그렇게 생각하면 세상에는 애초에 인간의 장점이나 결점 따윈 존재하지 않는다. 개성만이 존재할 뿐이다.**

그 개성이 자신과 주변 상황에 맞게 좋은 형태로 발휘될 때 그것을 장점이라 부르고, 자신과 주변 상황에 잘 맞지 않는 형태로 발휘될 때 그것을 결점이라 부르는 것에 지나지 않는다.

누군가에 대해 '그의 저런 점이 싫어!', '그의 저런 점은 참을 수가 없어!' 같은 생각이 떠오를 때, 우리는 발효와 부패의 정의를 떠올려야만 한다.

   마음 습관 넷. 스스로 '싫어하기'로 선택했음을 안다

남을 미워하는 사람은
자기 자신도
미워한다

두 번째는, '싫은 사람은 사실 자신과 닮았다'라는 관점이다.

이렇게 말하면 놀라겠지만, 이 말은 피할 수 없는 진실이다.

가정에서는 종종 부모와 자식 간에 의견 충돌이 일어난다. 잘 살펴보면 부모와 자식은 유전적으로 서로 비슷한 성격이라, 그것이 의견 충돌의 원인이 될 때가 많다.

직장에서도 가끔 이런 일이 생긴다. 회의에서 A 과장과 B 과장의 의견이 부딪치는 바람에 회의 분위기가 격양된 후

참석자들의 반응이다.

"A 과장은 B 과장의 의견에 왜 그렇게 기를 쓰고 반대하는 거죠? 반대를 위한 반대처럼 들리던데요."
"A 과장은 그냥 B 과장이 싫은 거예요."
"그러게 말이에요. A 과장이나 B 과장 둘 다 성격이 똑같잖아요."
"역시 그렇군요."

그렇다면 왜 자신과 닮은 사람을 싫어할까? 혹은 왜 싫어하는 사람이 자신과 닮은 경우가 있을까?

인간의 마음에 '자기가 싫어하는 자신의 모습을 가진 사람을 보면 혐오감이 증폭되는 경향'이 있기 때문이다. 싫은 사람의 혐오스러운 모습을 가만히 바라보면 자신의 혐오스러운 부분과 똑같음을, 즉 자신과 닮았음을 깨닫게 된다.

심리학에서는 '타인을 혐오하는 감정은 자기혐오의 투영'

 마음 습관 넷. 스스로 '싫어하기'로 선택했음을 안다

이라고 표현한다. 인간은 자기도 싫어하는 자신의 결점을 지적당하면 그것을 인정하기 싫어 감정적으로 반발하게 되는데, 이와 마찬가지로 상대의 모습에서 자기도 싫어하는 자신의 결점을 보면 외면하고 싶은 마음에 상대를 더욱 싫어하게 된다.

특히 상대의 모습에서 마음 깊숙이 억압한 자신의 혐오스러운 면을 느끼면, 그것이 자기혐오의 투영인 것조차 깨닫지 못하고 상대에게 혐오감을 품는다.

이러한 인간 심리의 미묘한 성향을 이해한다면, 인생에서 좀처럼 '좋아지지 않는 사람'이나 '혐오스러운 사람'을 만났을 때 그 사람의 결점이나 혐오스러운 면이 자신 안에도 있지 않을까 생각해 보는 것도 한 방법이다. '상대의 모습은 나의 거울'이라는 말 역시 이런 인간 심리를 나타낸 말이다.

타인을 혐오하는 감정은 때론 자기혐오의 투영임을 이해했다면, 우리는 또 한 가지 중요한 사실을 이해해야만 한다.

'자신의 결점을 용인할 수 없다면 같은 결점을 가진 상대를
용인할 수 없다.'

자신의 결점을 용인한다는 것은 우리의 심층 의식과 연관
된 깊고 어려운 문제이며, 우리는 이러한 마음의 성향을 이
해할 필요가 있다. '고전에서 말하는 "자신을 사랑할 수 없
는 사람은 남을 사랑할 수 없다"라는 말은 이러한 마음을
말한다.

상대에게
진심으로
공감하려면

<u>'세 번째, 공감이란 상대의 모습을 자기 모습처럼 생각하는 관점이다. 이것이 중요한 이유는 뭘까?</u>

상대를 좋아하려면 상대에게 공감하는 것이 가장 빠른 길이기 때문이다. 그런데 이 '공감'이라는 말을 '동의'라는 말과 혼동해 사용하는 경우가 있다.

예를 들면, "나는 A 씨의 의견에 공감합니다", "저는 B 씨의 생각에 공감합니다"와 같은 사용법이다. 단순히 상대의 의견이나 생각에 동의하는 것과 상대에게 공감하는 것은 전혀 다르며, 상대의 의견이나 생각에 동의하는 것이 상대가 좋아졌다는 것을 의미하지도 않는다.

이 '공감'이라는 말은 '동정'이라는 말과 혼동해 사용되기도 한다. 동정이라는 말에는 상대와 나 사이에 심리적 거리가 있다. 그리고 은밀하게 위에서 내려다보는 시선이 들어가 있다. 공감에는 그런 시선이 없다. 공감이란 상대 모습을 자기 모습처럼 생각하기 때문이다.

후배를 지도하느라 애쓰는 두 사람, A 주임과 B 주임이 있다. 두 사람은 각각 신입사원인 C 씨와 D 씨 교육에 상당한 시간과 에너지를 쏟고 있다.

지친 표정의 두 사람에게 "왜 그렇게 열심히 후배를 지도하느냐?"라고 물어보니 A 주임이 답했다.

 마음 습관 넷. 스스로 '싫어하기'로 선택했음을 안다

"C 씨를 보고 있으면 짠해서요. 누군가 지도해 주지 않으면 도통 제구실을 못 할 것 같거든요."

B 주임에게도 똑같은 질문을 던졌다. 그러자 이런 대답이 돌아왔다.

"D 씨는 업무를 배우는 속도가 느려서 지도하기 힘들어요. 하지만 D 씨를 보면 저의 신입 시절 생각이 나요. 저도 일을 빠르게 익히는 편이 아니었거든요. 그때 선배와 상사들이 제 옆에 딱 붙어서 지도해 줬어요. 그러니까 저도 열심히 가르쳐 줘야죠."

먼저, A 주임의 모습을 살펴보자. 마음을 다해 후배를 교육하는 모습에는 숙연해지지만, C 씨를 '동정'하는 마음이 작용하고 있다.

B 주임은 어떤가. 후배 D 씨를 '공감'하고 있다. D 씨의 모

습에 자신의 신입 시절이 떠오른다는 공감이 B 주임을 움직이고 있다.

'공감'과 '동의', 그리고 '동정'은 모두 우리가 익히 아는 좋은 감정이지만, 공감이라는 감정은 상대의 모습을 자기 모습처럼 생각하므로 동의나 동정 같은 감정에 비해 상대와의 심적 유대가 더 깊어지게 할 수 있다.

인생에서 아무래도 좋아지지 않는 사람이나 이유 없이 싫은 사람을 만났을 때, 이런 의미에서 상대에게 공감하는 마음을 품는다면 그 사람을 조금이라도 좋아하게 될 것이다.

그 사람의 미숙함을 보고 혐오의 감정이 들 때, 그 감정에서 잠시 벗어나 그 역시 미숙함을 안고 괴로워하는 인간임을 이해하고, 자신 또한 미숙한 인간으로서 괴로워했음을 떠올리면, 부정적 감정은 조금씩 희미해질 것이다.

   마음 습관 넷. 스스로 '싫어하기'로 선택했음을 안다

정면으로
마주하는 것만으로
관계는 좋아진다

네 번째, 상대의 마음에 정면으로 마주하는 것만으로도 관계가 좋아진다는 관점이다. 왜 정면으로 마주해야 할까?

인간관계가 틀어지는 대부분의 이유는 상대와 정면으로 마주하지 않고 상대를 적대시하기 때문이다. '저 사람은 원래 저런 사람이니까', '이 사람은 왜 이 모양일까?', '말해 봤자 못 알아들을 텐데', '더는 무리야' 같이 생각하며 냉소적인 눈길로 상대를 바라본다.

그런 눈길로 상대를 바라보면, 상대는 무언의 메시지를 통해 그것을 민감하게 알아채고 불편한 감정을 느낀다. 저절로 서로 마주하기를 꺼리게 되고 마음을 닫게 된다.

상대를 정면으로 마주하지 않는 일은 가정에서도 종종 일어난다. 의외라고 생각할지 모르겠다. 도대체 부모 자식이나 부부가 서로 마주할 수 없는 이유는 무엇일까?

<u>'서로에게 근거 없는 '믿음'이 있기 때문이다.</u>

'내 아이는 내가 제일 잘 알아!'
'아빠와는 매일 얼굴을 보니까 서로 모르는 게 없어!'
'부부니까 아내에 대해선 당연히 다 알지!'
'남편에 관한 건 세심한 버릇까지 꿰뚫고 있다고!'

이 같은 '믿음'이 있기 때문이다. 하지만, 현실에서는 부모 자식이라고 해도, 부부라고 해도 서로 독립된 하나의 인격이다. 아무리 오랜 세월을 함께해도 서로의 마음마저 속속

   마음 습관 넷. 스스로 '싫어하기'로 선택했음을 안다

들이 다 알고 있지는 않다.

그런데도 잘 안다고 믿으며 자신의 그 제멋대로인 믿음으로 상대를 본다. 이것이 가정에서 '상대를 정면으로 마주할 수 없는 일'이 일어나는 이유다.

'부모 자식 사이라도 부부 사이라도 관계가 이상해졌다고 느낄 때는, 무엇보다 먼저 상대를 잘 알고 있다는 믿음을 버리고 하나의 독립된 인격으로 마주하며 상대의 목소리에 귀 기울여야 한다. 그렇게만 해도 변화가 찾아온다.

이처럼 가정의 인간관계든, 직장의 인간관계든, 친구나 지인과의 인간관계든, 상대의 마음과 정면으로 마주할 수 있다면, 아무리 나빠진 인간관계라도 조금씩 바뀌기 시작한다. 어색했던 인간관계가 신기할 정도로 좋아지기도 한다.

상대와 정면으로 마주한다는 것은
상대에게 한 사람의 인간으로서

경의를 갖고 있음을 의미한다.

그리고 우리의 마음속 경의는

무언의 메시지를 통해 상대에게 전해진다.

이는 우리의 인간관계에 송두리째 바꿀 수 있는 간단하지

만, 강력한 마음 습관이다.

마음 습관 넷. 스스로 '싫어하기'로 선택했음을 안다

고독과 외로움을
바라보아야 하는
이유

다섯 번째, 상대를 좋아하게 되는 것이 최고의 선물이라는 관점이다. 흔히들 "사람은 자기를 좋아하는 사람을 좋아하게 된다"라고 말하지만, 그렇지 않은 상대를 좋아하게 되는 일은 절대 쉽지 않다. 그러나 불가능한 일 또한 아니다. 하나의 '마음 습관'을 통해 우리는 그 벽을 넘어설 수 있다.

바로, 고독과 외로움을 마주하는 것이다.

인간이라면 누구나 품고 있는 고독과 외로움을 바라보고,

상대에게도 고독과 외로움이 있음을 이해하고 그 모습을
그저 바라보는 것이다.

누구나 혼자 태어나고 혼자 떠난다.
그렇기에 우리는 인생에서 아무리
멋진 가족과 친구들에게 둘러싸여 있어도
마음 깊숙이 고독을 품고
외로움을 안은 채 살아간다.

그리고 그 고독과 외로움 때문에
인생에서 누군가에게 사랑받고 싶어 하고
누군가에게 호감을 얻고 싶어 한다.

이러한 결점도 미숙함도 안은 자신을
있는 그대로 받아들이는 사람과의
만남을 꿈꾸며 살아간다.

만일, 우리가 이러한 인간의 본질을 이해하고, 애정 어린 시선으로 상대를 바라볼 수 있다면 어떨까? 당장은 호감이 싹트지 않더라도, '이 사람을 좋아하도록 노력해 보자'라는 마음은 분명 생겨날 것이다.

예전에 본 영화의 한 장면이 떠오른다. 주인공이 상대를 향해 외치는 말이 무척이나 인상 깊었다.

"난 당신이 미워, 징밀 미워! 하지만 좋아하고 싶어, 성말 좋아하고 싶어!"

그 간절함은 내게 커다란 울림을 줬다. 상대를 좋아하고 싶어 하는 마음, 그 마음은 반드시 상대에게 깊이 전해진다. 상대를 좋아하게 된다는 것은 상대에 대한 가장 깊은 배려이자 최고의 선물이기 때문이다.

말이 감정을 만든다는 것을 기억한다

人間力

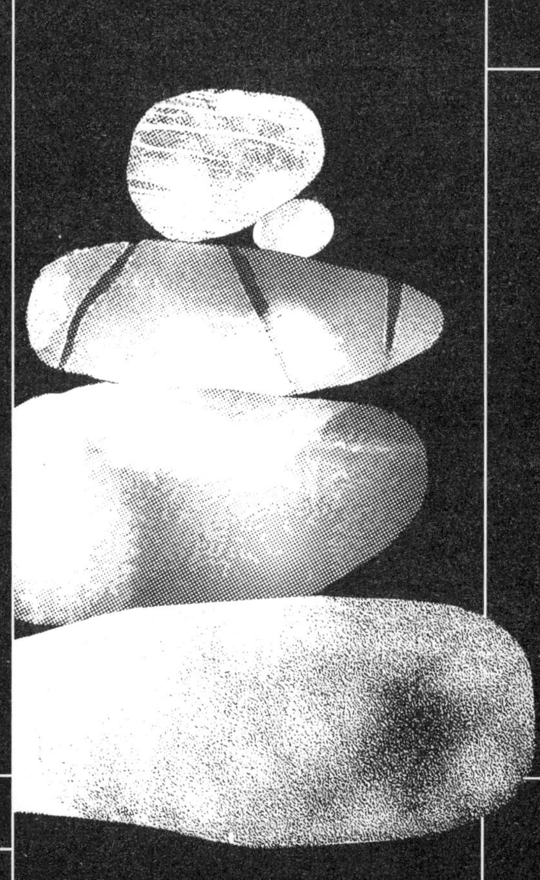

말하는 대로
마음이
만들어진다

앞서 상대를 좋아하게 되는 것이 중요하다고 했다. 그렇다면 구체적으로 어떻게 해야 상대를 좋아하게 될까?

이것이 다섯 번째 마음 습관인 '말이 감정을 만든다는 것을 기억한다'이다. 즉, 말의 두려움을 알고 말의 힘을 살리는 것이다.

말의 사용법이 잘못되면, 싫은 사람은 점점 더 싫어진다. 한편, 말의 힘을 살리면 싫은 사람도 점점 좋아진다. 이는 말에 담긴 신비로운 힘 때문이다. 혐오의 말은 혐오의 감정을 증폭시키고, 호감의 말은 호감의 감정을 불러일으킨다.

"즐거워서 웃는 게 아니라. 웃으니까 즐거운 것이다"라는 말처럼, 마음과 몸은 밀접하게 연결되어 있다. 마음이 움직이면 몸이 반응하고, 반대로 몸의 변화는 마음의 변화를 끌어낸다.

어떤 사람이 "지금부터 당신 인생에서 아주 중요한 이야기를 할 테니 마음을 가다듬고 들어주세요"라고 말했다고 하자. 이때 우리는 자연스럽게 먼저 '몸의 자세'를 가다듬는다. 등을 꼿꼿하게 펴고 손을 앞에 가지런히 두고 의자를 당겨 앉는 등 '몸의 자세'를 정돈한 다음 '마음의 자세'를 정돈한다.

종교적 수행에서도 이러한 원리를 활용한다. '지관타좌只管打坐'라는 말이 있다. '오로지 앉아 있을 뿐'이라는 뜻으로, 좌선이라는 신체적 행위에 철저히 몰입해 흐트러짐 없는 마음의 경지에 도달하고자 하는 것이다.

이는, 마음을 바꾸려면 직접 변화시키기보다 몸을 통해 간접적으로 바꾸는 것이 가장 효과적인 기법임을 알고 있기 때문이다. 많은 종교에서 신체나 말을 사용한 수행을 중시하는 이유이기도 하다.

이처럼 '몸과 마음'의 관계는, '말과 마음'의 관계에도 그대로 적용된다. 마음이 움직여 말을 하는 것뿐만 아니라, 말을 통해 마음을 움직일 수도 있다.

사람은 상대를 싫어하기 때문에
혐오의 말을 하는 게 아니다.
혐오의 말을 하니까
상대가 싫어지는 것이다.

사람은 상대를 좋아하기 때문에
호감의 말을 하는 게 아니다.

호감의 말을 하니까

상대가 좋아지는 것이다.

왜 '몸과 마음'의 관계와 '말과 마음'의 관계에서 같은 일이 일어날까? 왜 혐오의 말은 상대를 싫어하게 만들고 호감의 말은 상대를 좋아하게 만들까?

그 이유는 다음의 세 가지로 설명할 수 있다.

　　　　마음 습관 다섯. 말이 감정을 만든다는 것을 기억한다

말은
원래 신체적인
작용이다

첫 번째, 말은 원래 신체적이기 때문이다. 말은 단순한 소리가 아닌, 입과 혀, 때로는 복부 근육을 움직여 만들어 내는 신체적 행위다.

스포츠 경기에서 최대의 위기나 기회를 맞은 선수들이 복부에 힘을 주고 큰 소리로 "파이팅!"이라고 스스로 외치는 장면을 종종 볼 수 있다. 입, 혀, 복부 등의 신체를 통해 압박에 짓눌린 자신이나 약해질 것 같은 자신의 마음에 힘을 불어넣기 위함이다.

마음에 '파이팅!' 하는 기분이 솟아서 '말'을 내뱉는 것이 아니라, '말'을 통해 마음을 '파이팅!' 상태로 만드는 것이다.

이처럼 우리는 말을 사용해 특정 감정 상태를 유도할 수 있다. 하지만 그 반대로, 혐오의 말을 반복함으로써 스스로 혐오의 감정에 갇히기도 한다.

 마음 습관 다섯: 말이 감정을 만든다는 것을 기억한다

마음 깊은 곳에는
심술꾸러기가
산다

두 번째, 말은 심층 의식에 작용해 마음 상태를 변화시키는 힘을 지닌다.

'자기암시 기법'이라는 말이 있다. 특정한 생각과 이미지를 반복적으로 주입하여 심층 의식을 변화시키고 목표 달성을 돕는 심리 기법이다. 여기서 특정한 생각과 이미지 대신, '특정한 말'을 반복적으로 자신에게 주입해도 같은 효과가 난다.

흔히 '나는 할 수 있다!'와 같은 확언을 떠올리지만, 단순히 반복하는 것만으로는 효과를 보기 어렵다. 이는 심층 의식의 특성 때문이다.

심층 의식은 '심술꾸러기'처럼 표층 의식의 의도와 정반대로 작동하는 경향이 있다. **표층 의식에서 긍정적인 생각을 주입하려 할수록 심층 의식은 부정적인 생각을 떠올리며 저항한다.** 예를 들면, '나는 할 수 있다!'라고 외치면 자동으로 '난 할 수 없을지도 몰라', '할 수 없다면 어떻게 하지?' 같은 생각이 떠오른다.

시험 전날, 주위 사람들한테 "이번 시험에는 꼭 합격할 거야"라는 말을 들었을 때를 기억해 보라. 마음 깊숙한 곳에 '합격하지 못하면 어떡하지?'라는 생각이 들지 않았던가?

우리는 심층 의식의 역설적인 작동 방식을 역이용해야 한다. 즉, 의식적인 노력으로 긍정적인 말을 반복하는 대신, 일상에서 자연스럽게 긍정적인 언어를 사용해야 한다. '의

  마음 습관 다섯. 말이 감정을 만든다는 것을 기억한다

도적인 노력 없이 무심코 사용하는' 긍정적인 표현은 심층 의식에 스며들어 긍정적인 감정을 강화한다.

반대도 마찬가지다. 일상에서 무심코 내뱉는 부정적인 말은 심층 의식에 깊이 각인되어, 부정적인 감정을 증폭시킨다.

자기혐오와
타자 불안이라는
그림자

세 번째, 우리 마음에는 자기혐오와 타자 불안이라는 심리적 프로세스가 있다. 이는 이미 앞서 언급한 바 있다. 타인 앞에서 누군가를 비난하거나 험담할 때, 우리는 마음 깊은 곳에서 자기혐오와 타자 불안을 느낀다.

먼저 자기혐오다. 어떤 사람을 비판하고 비난했다고 가정해 보자. 순간적으로 속이 시원해지는 기분을 느낄 수 있지만 마음 깊숙이에는 당사자가 없는 곳에서 비판과 비난을 한 자신에 대한 혐오가 솟아난다.

　　마음 습관 다섯. 말이 감정을 만든다는 것을 기억한다

고교 시절, 친구들과 모여 수다를 떨다 어쩌다 그 자리에 없는 친구가 화제에 오른 적이 있다. 비판적인 이야기가 나오자, 한 친구가 "그 친구는 여기 없잖아!"라며 말을 막았다. 그 순간 나를 포함한 모두가 말을 멈추고 떳떳하지 못한 꺼림칙한 기분을 느꼈다.

다음은 타자 불안이다. 타인에게 누군가에 대한 감정적인 험담이나 뒷말을 하면 마음 깊숙이에서 '그 사람도 어디선가 내 험담을 하지는 않을까?' 혹은 '그 사람도 누군가에게 내 뒷말을 하고 다닐 거야'와 같은 타자 불안의 감정이 생겨난다.

우리가 누군가를 비난한 후 얼마 지나지 않아 왠지 꺼림칙한 기분이 드는 것은 대부분 심층 의식에 생겨나는 자기혐오와 타자 불안 때문이다. 그 결과, 우리 마음속에는 다음과 같은 두 가지 현상이 나타난다.

미움은
보이는 것보다
보고 싶은 걸 만든다

어떤 일이 일어날까? 싫은 상대를 감정적으로 비판하면 점점 상대의 결점이 눈에 들어온다. 싫은 사람을 감정적으로 비판하면, 마음 깊숙이에 무심코 감정적인 자신에 대한 자기혐오가 생긴다.

우리의 심층 의식은 자기혐오에서 도망치기 위해, 즉 상대를 감정적으로 비판한 자신을 정당화하기 위해 종종 상대의 잘못이나 결점을 더 찾아내려 한다. 무의식중에 '내가 저 사람을 비판한 건 틀리지 않았어'라고 자기 모습을 정당화한다.

직장 동료들 앞에서 한 부하 직원을 감정적으로 혼낸 상사가 있다고 하자. 이때 상사의 마음 깊숙이에는 그 일에 대한 자기혐오와 자신을 정당화하고 싶은 심리가 작용하여 부하 직원의 결점이나 문제점을 더 찾아내려는 일이 일어난다.

이럴 때는 어떻게 해야 할까? 누군가를 감정적으로 비판했을 때는 가능하면 마음속으로 '세 가지 싱찰'을 하는 것이 좋다.

첫 번째, 누군가를 감정적으로 비판했을 때 마음 깊숙이 자신을 용서하지 않는 생각이나 자기혐오의 감정이 생겨나고 있음을 깨닫는다.

두 번째, 상대를 감정적으로 비판한 자신을 정당화하고 싶어 하는 작은 자아의 움직임을 바라본다.

세 번째, 상대의 결점이나 잘못을 더 찾아내어 자신을 정당화하려는 작은 자아의 움직임을 깨닫는다.

만일, 이 '세 가지 성찰'이 가능하다면 의식적으로, 의도적으로 하지 않은 말의 함정에 빠지는 일은 없을 것이다.

상처받지 않으려는
마음이
상처를 남긴다

다음으로 우리 마음에는 어떤 일이 일어날까? **싫은 사람을 감정적으로 비난하면 그 사람에게 점점 공격적으로 변한다.**

누군가를 비난하면 마음 깊숙이 '저 사람도 어딘가에서 나를 비난하지 않을까?', '저 사람도 앞으로 나를 비난할 거야' 같은 타자 불안의 감정이 솟는다. 그 때문에 심층 의식에서는 자기방어를 하고 싶은 마음에 상대를 점점 공격적으로 대하게 된다.

나는 부하 직원이 상사에게 심하게 혼났을 때, 그 부하 직원에게 먼저 상사에게 사과하러 가라고 조언하곤 한다. 그것은 다름 아닌 상사에게 '저는 혼난 것을 마음에 두고 있지 않습니다'라는 메시지를 보내기 위함이다. 그런 메시지를 보냄으로써 상사의 마음속 자기혐오를 완화하고, 타자 불안을 없애 주어 쓸데없는 걱정으로 괴로워하지 않도록 하는 것이다.

매일의 인간관계에서 어떤 마찰이 생겼을 때 '나는 전혀 개의치 않는다', '나는 마음에 두고 있지 않다', '나는 신경 쓰지 않는다'라는 메시지를 상대에게 보내는 것은 인간의 심리 성향을 생각한다면 상대에 대한 소중한 배려이다.

인간의 심리는 그 반대도 마찬가지다. 부하 직원이 상사에게 심하게 혼났을 때는 부하 직원의 마음속에도 '상사는 나를 싫어하는 걸까?', '상사는 이제 나를 포기한 걸까?' 같은 기분이 싹튼다. 이런 심리를 생각한다면 혼낸 다음에는 일부러 상사가 먼저 부하 직원에게 말을 거는 것도 중요하다.

나의 젊은 시절을 돌이켜 보면 부하 직원을 혼낸 다음 눈도 맞추지 않는 상사도 있었지만, 혼낸 것을 잊기라도 한 듯 함께 점심을 하자는 상사도 있었다. 후자의 상사가 인간관계의 달인임은 말할 것도 없다.

이상으로 혐오의 말이 혐오의 감정을 끌어내는 '세 가지 이유'를 말했다. 이처럼 우리의 마음은 누군가를 감정적으로 비판하고 비난하거나 험담하고 뒷말을 하면 그 사람이 점점 싫어지는 경향이 있다.

이런 인간 심리의 성향에 대한 이해는 좋은 인간관계를 맺어나가기 위해서 꼭 필요하다.

미움은
결국 자신을
아프게 한다

'상대를 싫어해서 혐오의 말을 하는 게 아니라, 혐오의 말을 하니까 상대를 싫어하게 된다'라는 인간 심리를 이해했다면, 이제 '말의 신비로운 힘'을 통해 혐오를 호감으로 바꾸는 마법을 경험할 차례다.

말을 올바르게 사용하면 '상대를 좋아해서 호감의 말을 하는 게 아니라, 호감의 말을 하니까 상대를 좋아하게 된다'라는 놀라운 변화가 현실이 된다. 네 번째 마음 습관에서 상대를 좋아하기 위한 습관에 관해 말했는데, 이때 효과적인 습

   마음 습관 다섯. 말이 감정을 만든다는 것을 기억한다

관 중 하나가 '호감의 말'을 하는 것이다.

앞서 내가 기업에 갓 입사했을 당시 인사부장이 신입사원을 향해 "싫은 사람을 좋아하도록 하라!"고 했던 에피소드를 소개했는데 이 기업에서는 '싫은 사람을 좋아하려는 방법'으로 상사와 선배가 이런 말을 자주 했다.

"싫은 사람이 있다면 그 사람의 장점을 찾아 말로 칭찬하라!"

이 말을 실행에 옮길 수만 있다면 더할 나위 없겠지만, 이런 생각이 들 수도 있다.

'장점을 찾아 말로 칭찬하라고 하지만, 싫은 사람과 마주해서 칭찬하는 일은 너무 어렵다.'

자연스러운 심리이다. 그러나 말로 칭찬하라는 의미는 반드시 상대를 앞에 두고 직접 칭찬하라는 말이 아니다. 우선은 상대가 없는 곳에서 칭찬하는 것부터 시작해 본다. 이를

테면, 직장에서 다른 동료들 앞에서 그 상대를 칭찬한다. 그러면 그 메시지는 저절로 상대에게 전해진다. 이때, 칭찬이 당사자에게 전해지는 게 중요한 것이 아니다.

설령 메시지가 상대에게 전해지지 않아도 그 자체로 중요한 의미가 있다. **왜냐하면, 싫은 사람을 칭찬하는 행위는 다른 누구보다도 자신의 마음을 편안하게 해 주기 때문이다.** 바로, 자기혐오와 타자 불안을 없애 주는 까닭이다.

또한, 누군가가 있는 곳에서 칭찬하지 않아도 된다. 한밤중에 혼자서 일기에 도저히 좋아지지 않는 상대에 대한 칭찬을 쓰기만 해도 감정은 확연히 달라진다. 이 '한밤중의 일기' 습관은 내가 오랜 세월 계속해 온 마음 습관이기도 하다.

이런 습관을 계속 실천하다 보면 혼자 길을 걷다가도 문득, 좋아지지 않는 상대에 대해 '하지만 그 사람의 이런 점은 참 좋아', '그 사람은 이런 장점이 있어' 같은 생각이 떠오른다. 당사자가 없는 곳에서 마음이 편안해질 뿐 아니라 그에 대

　　마음 습관 다섯. 말이 감정을 만든다는 것을 기억한다

한 혐오도 저절로 사라져 호감이 싹트기도 한다. 게다가, 이러한 마음은 말 이외의 메시지를 통해 반드시 상대에게 전해진다.

서두에서 말한 '사람은 상대를 좋아해서 호감의 말을 하는 게 아니라 호감의 말을 하니까 상대가 좋아진다'라는 말은 과연 진실이다.

여기서 마음속으로 밀하기만 해도 좋나. 그렇게 하면 우리는 이 순간도 좋아지지 않는 사람의 모습을 마음에 그리며 '그의 그런 점은 참 좋아', '그는 그런 장점이 있어'라고 마음속으로 그 사람의 장점을 떠올릴 수 있다. 지금이라도 당장 실천할 수 있는 마음 습관이다.

헤어져도
마음으로
관계를 끊지 않는다

애정이란
관계를
끊지 않는 것이다

매일의 인간관계 속에서 인간을 수양하는 여섯 번째 마음 습관은 '헤어져도 마음으로 관계를 끊지 않는 것'이다.

인생에는 필연적으로 타인과의 불화와 불신, 미움과 대립과 같은 갈등이 존재한다. 친구와의 다툼, 연인과의 이별, 가족이나 친척 간의 불화, 직장 동료와의 갈등 등 마음이 멀어지는 순간들은 피할 수 없다.

그렇다면 우리 인생에서 중요한 것은 타인과의 갈등을 피하려는 노력이 아니다. 어차피 피할 수 없다. 정말 중요한 것은, 이미 생긴 불화와 불신, 미움과 대립 등으로 갈등이 있을 때 때론 자기 잘못을 인정하고 마음을 열어 상대에게 먼저 사과하거나, 상대를 용서하고 다시 화해하는 마음의 힘을 갖는 것이다.

그러나 현실에서는 서로 마음이 멀어진 후 즉시 화해하는 일은 어려운 일이며, 때로는 영원히 화해하지 못하는 경우도 있다. 그럴 때 인생의 지혜를 가르쳐 주는 말이 있다.

"애정이란 관계를 끊지 않는 것이다."

애정의 정의는 다양하지만, 나의 긴 인생에서 가장 도움이 된 말은 이 말이다. '관계를 끊지 않는다'는 것은 단순히, 헤어진 후에도 가끔 만나라는 말이 아니다. 또, 종종 메시지로 안부를 물으라는 말도 아니다. 정확히 말하면 헤어진 후에도 '마음속에서' 상대와의 관계를 끊지 않는 것이다. 어느 직장에서의 한 장면을 예로 들어 보겠다.

 마음 습관 여섯. 헤어져도 마음으로 관계를 끊지 않는다

대화 중에 몇 년 전 퇴사한 A 씨가 화제에 올랐다. 그때 B 과장은 이렇게 말했다.

"아, A 씨? 그러고 보니 그런 젊은 친구가 있었지."

같은 상황에서 C 과장은 이렇게 말했다.

"아, A 씨 말이야? 잘 지내지? 언제 한번 놀러 오라고 안부 전해 줘."

이 두 과장의 반응 차이가 '관계를 끊지 않는 것'의 의미를 단적으로 보여 준다.

B 과장의 마음속에는 이미 A 씨와의 관계가 존재하지 않는다. 잊고 있을 뿐 아니라 관심조차 없다. 반면, C 과장의 마음속에는 아직 A 씨와의 관계가 이어지고 있다. 직장 관계를 떠나 여전히 마음 한구석에는 A 씨를 생각하는 마음이 있다. 여전히 애정을 마음에 품고 있는 것이다.

예로부터 전해지는 애정에 관한 격언이 있다.

"애정의 반대말은 증오가 아니다. 애정의 반대말은 무관심이다."

이 격언은 과연 진실이다. 우리는 누군가에 대한 애정을 잃을 때 그 상대에게 관심을 잃고 흥미를 잃고 존재 자체도 잊는다. 그런 의미에서 "옷깃만 스쳐도 인연"이라는 옛 속담은 '인생에서 만난 사람과의 관계에서 깊은 의미를 깨닫고 관계를 소중히 하라'는 말로 타인에 대한 깊은 애정을 드러낸 듯하다.

이렇듯 타인에 대한 애정을, 관계를 끊지 않는 사람은 서로 마음이 부딪쳐 멀어졌을지라도 '화해의 여지'를 남기는 지혜를 지니고 있다.

　　　마음 습관 여섯. 헤어져도 마음으로 관계를 끊지 않는다

관계에 서툰 사람은 타인과 부딪치는 사람이 아니다

화해의 여지를 남기는 것이 중요한 이유는 인간의 마음은 바뀌기 때문이다. **인간의 마음은 우리가 생각하는 것 이상으로 유연하다.** 한때는 상대에 대한 불신, 분노, 혐오로 가득했던 감정도 시간이 흐르면서 희미해지고, 상대를 용서하는 마음과 자기 잘못을 인정하는 마음, 화해하고 싶은 마음이 떠오르기도 한다.

인간의 '진정한 현명함'은 누구와도 마음이 멀어지지 않는 성인군자 같은 현명함이 아니다. 누군가와 마음이 멀어져도 어딘가에 화해할 여지를 남기고 언젠간 화해할 수 있음을 아는 현명함, 바로 그것이다.

세상에는 '인간관계에 서툴다'라고 말하는 사람이 있다. 인간관계가 서툰 사람은 절대 타인과 부딪치는 사람이 아니다. 타인과 부딪친 후에 화해하지 못하는 사람이다. 덧붙이자면, 타인과 부딪친 후에 화해의 여지를 남기지 않는 사람이다. 예전에 한 평론가는 이런 말을 남겼다.

"요즘 젊은이들은 왜 두 번 다시 안 볼 것처럼 이별할까? 왜 그런 잔인한 이별 방식을 택하는 것일까?"

이 말은 당시 젊은이들에게만 해당하는 말이 아니다. 어느 시대든 상대의 마음에 깊은 상처를 남기며 잔인한 이별을 하는 사람이 있다.

타인에 대해 호불호가 심한 사람.
순간적인 감정에 휘둘리는 사람.

　마음 습관 여섯. 헤어져도 마음으로 관계를 끊지 않는다

마음속 작은 자아가 강한 사람.

그런 사람은 대부분 헤어질 때 잔인하게 이별한다. 이별할 때 '마음'이나 '생각'을 남기지 않는 이별, 그리고 향기 없는 이별을 한다. 그 때문에 시간이 흐름에 따라 서로의 마음이 변해 화해할 수 있는 시기를 맞아도 화해하지 못한다.

자기 잘못을 인정하지 못하거나 상대를 용서하지 못하기 때문이 아니다. 헤어질 때 마음이나 생각을 남기지 않았기 때문에, 헤어질 때 지나치게 잔인했기 때문에, 화해하려고 해도 상대의 마음에 패인 깊은 상처 때문에 더 이상 화해할 여지가 없어졌기 때문이다.

이런 사람들의 인생의 발자취를 보면 그야말로 처참하다고 할 수밖에 없는 인간관계만 남아 있다. 헤어지거나 관계가 깨어진 수많은 사람 중에서 몇 년의 세월을 거쳐 다시 마음이 통한 사람이나 서로 이해한 사람, 화해에 이른 사람이 거의 없다. 쓸쓸하고도 처연한 인간관계만 남았을 뿐이다.

'인덕이 없다'라는 말이 있다. 어쩐 일인지 그 사람 주위에는 사람들이 멀어져간다. 옆에서 보면 좋은 사람들이 자꾸 떨어져 간다. 그런데도 본인은 깨닫지 못한다. 성공하고 재산이 많아도 주위에 사람이라는 재산이 없다. 인덕이 없는 사람이 되지 않기 위한 중요한 마음의 자세는 헤어질 때 관계를 끊지 않는 것이다. 그리고 화해의 여지를 남기는 것이다.

인간관계가 서툰 사람이란
타인과 부딪치는 사람이 아니다.

타인과 부딪친 다음
화해하지 못하는 사람이며,

타인과 부딪친 다음
화해의 여지를
남기지 않는 사람이다.

인간의 마음은
생각보다
유연하다

왜 관계를 끊지 않고 화해의 여지를 남겨야 할까? 나 역시 미숙한 발걸음을 내디디며 그 중요성을 깨달았다.

내가 싱크탱크 부장으로 있던 시절, 부하 직원 A 씨가 다른 부서로 이동시켜달라고 말했다. 나의 경영 방침에 강하게 반발했기 때문이다. 나는 팀워크를 중시했지만, A 씨는 함께 일하기보단 혼자서만 일하려는 경향이 강했다. 그래서 A 씨에게는 부장으로서 여러 차례 엄한 대처를 할 수밖에 없었다.

희망 사항을 받아들여 A 씨의 부서 이동을 신청하고, 마지막으로 부장실에서 "새로운 부서에서도 열심히 하라"고 격려의 말을 건넸지만, 그는 싸늘한 반응을 보였다. "그동안 감사했습니다"라는 가벼운 인사말도 없이 부장실을 나가는 그의 뒷모습에서 나에 대한 강한 반발이 느껴졌다. 그 후 A 씨는 회사 복도에서 스쳐 지나갈 때도 눈조차 마주치려 하지 않았다.

돌이켜 보면 당시 나는 관용이 부족했다. 하지만 그런 미숙한 관리자임에도 한 가지만큼은 중시했다.

"내가 먼저 마음을 닫지 않는다."

스승인 Y 교수에게 들은 "자네는 붙임성이 없어"라는 말은 내가 사회인으로서의 길을 걷게 된 이후로도 항상 마음속에서 울려 퍼지고 있었다. 그 때문에 A 씨가 눈도 마주치지 않고 말도 섞지 않고 마음을 열지 않아도, 복도나 엘리베이터에서 만나면 반드시 내가 먼저 "잘 지내지?", "그 기사 읽

 마음 습관 여섯. 헤어져도 마음으로 관계를 끊지 않는다

었어", "어제 TV에서 봤어", "활약이 대단하던데"라고 말을 걸었다.

계속해서 그렇게 내가 먼저 말을 거니 A 씨는 "네네", "뭐 그렇죠" 같은 짧은 말을 하기에 이르렀다. 그의 마음속에서 조금씩 얼음이 녹는 듯한 느낌이 들었지만, 역시 아직 마음을 열 기분까지는 아닌 것 같았다.

세월이 흘러 나도 A 씨도 회사를 떠나 삭자의 길을 걷게 됐다. A 씨가 나의 부서를 떠난 지 10년 가까이 됐을 무렵, 우연히 한 호텔 로비에서 A 씨를 만났다. 그때의 대화가 지금도 기억에 선명하다.

"어이, A 씨 오랜만이야."
"아, 부장님 오랜만입니다."
"잘 지냈나? 미디어에서 활약이 대단하던데. 잘 보고 있어."
"감사합니다."
"시간 날 때 사무실에 한번 놀러 와."

“네. 꼭 찾아뵙겠습니다.”

며칠 후 그가 내 사무실에 찾아왔다. 응접 의자에 앉아 그가 했던 말이 아직도 생생하다.

“부장님. 제가 최근에 한 회사를 설립해 대표가 되고 보니 비로소 부장님이 저에게 무엇을 말하려 했던 건지 알게 됐습니다. 요즘 리더로서 벽에 부딪힐 때면 항상 ‘부장님이라면 어떻게 하셨을까?’ 하는 생각을 합니다.”

이 에피소드는 절대 나의 경영 능력을 자랑하려는 의도로 하는 말이 아니다. 지금 돌아봐도 얼굴이 화끈거릴 만큼 미숙했다. 오히려 칭찬받아 마땅한 행동은 그렇게 반발했던 사람에게 이런 말을 할 수 있는 A 씨의 유연함이다. 내가 이 에피소드를 소개한 이유는 이것 하나만큼은 꼭 전하고 싶어서다.

인생에서 만난 사람과 마음이 멀어질 때

   마음 습관 여섯. 헤어져도 마음으로 관계를 끊지 않는다

설령 자신이 아무리 미숙한 인간일지라도

마음속에 상대와의 관계를 끊지 않고

소중히 이어 가면

인생은 때론

멋진 선물을 가져다 준다.

이 에피소드에서 멋진 신물이란, 십 년의 세월을 넘어 A 씨와 화해한 것이다. 그리고 A 씨에게 들었던 따뜻한 말이다. 나는 이 경험을 통해 인생에서 중요한 한 가지를 배웠다.

"십 년의 세월을 넘어서도 사람은 화해할 수 있다."

아무리 나빠진 관계라도 마음속으로 끊지만 않는다면 십 년의 세월을 넘어서도 화해할 기회가 주어지기도 한다.

아무리 심하게 부딪친 상대라도

상대를 용서할 마음이 들 때가 찾아온다.

자기 잘못을 인정하는 마음이 들 때가 찾아온다.

상대에게 감사한 마음마저 들 때가 찾아온다.

나중에 상대와 자신의 마음이 바뀌었을 때 화해할 여지를 남기는 것이야말로 인간으로서 더 나은 인생을 살아가기 위한 지혜 아닐까.

나는 이 경험을 통해 화해의 여지를 남기는 지혜와 더불어 사람의 유연한 마음을 믿는 자세의 중요함을 배웠다. 그런 의미에서 우리는 누군가와 마음이 멀어지게 됐을 때, 설령 그 순간에는 마음이 움직이지 않더라도 화해의 여지를 남길 만큼의 말은 해 두어야 한다.

"언젠간 또 만나겠지요."
"웃으며 다시 만날 수 있으면 좋겠습니다."
"우리 다시 만날 수 있을까요?"

   마음 습관 여섯. 헤어져도 마음으로 관계를 끊지 않는다

어떤 말이라도 좋다. 절대 잔인한 이별이 되지 않게 말하고,
향기로운 이별을 할 수 있다면, 인생에는 우리가 생각하는
이상으로 신기한 일이 일어난다.

‘유연한 마음’이란 그런 인생의 신기한 힘을 믿는 마음이다.

다시 만날 수 없는
사람과
화해하려면

지금까지 마음이 멀어진 사람과의 화해에 관해 말해 왔다. 이쯤에서 이런 의문이 들 것이다.

'과거에 헤어진 사람과 화해할 수 있다고 해도 이미 세상을 떠난 사람과의 화해가 가능할까?'

일리 있는 의문이다. 이미 세상을 떠난 사람과 직접 만나 화해할 수는 없다. 우리의 인생에는 마음이 멀어진 상대와 화해도 하지 못했는데 상대가 그대로 세상을 떠나버리는 일

 마음 습관 여섯. 헤어져도 마음으로 관계를 끊지 않는다

이 종종 있다. 만일 이런 상황에 맞닥뜨리면 어떻게 해야 할까? 그에 앞서 화해라는 말의 의미를 깊이 생각해 볼 필요가 있다.

화해란 마음이 떠난 상대와 하는 것으로 알고 있다. 하지만 우리가 화해하는 상대는 그뿐만이 아니다. 한 가지 에피소드를 소개하겠다.

대학 시절, 친구 A가 스스로 목숨을 끊었다. 유서에는 누군가를 원망하는 글은 쓰여 있지 않았지만, 친구들은 A가 또 다른 친구 B와 C라는 여성과의 삼각관계로 고민하다가 죽음을 택한 게 아닐까 하는 추측을 했다.

그 사실에 누구보다 괴로워했던 사람은 역시 B였다. 하지만 친구들은 누구도 A의 죽음에 대해 B를 나무라지 않았고 B가 원망을 들을 처지에 있다고도 생각하지 않았다.

그 후 몇 년의 세월이 흘러 친구들 사이에서도 A의 기억이

희미해져 가던 시기의 일이다. 나는 우연히 A의 묘가 있는 절 앞을 지나게 됐다. 주위에 옅게 어둠이 내리던 저녁이었다. 문득 차창으로 그 절의 문 쪽을 바라보니 B가 문에서 막 나오고 있었다. 그 순간 B의 표정을 보고 알 수 있었다.

기일도 명절도 아닌 그날 A의 묘소를 찾은 B의 표정에서는 그 일 이후 몇 년이라는 시간이 흘렀음에도 여전히 A의 죽음에 자신을 책망하는 마음이 가득하다는 게 느껴졌다. 아마 B는 그 일로 마음이 괴로울 때마다 혼자서 A의 묘소를 찾았던 모양이다.

그때 나는 '추모'라는 것이 왜 우리의 인생에서 깊은 의미를 갖는지 이해할 수 있었다. 옛사람들에겐 성묘로 대표되는 '추모'란, 어떤 의미에서 이미 세상을 떠난 사람과 만나는 화해의 장이었다.

세상을 떠난 사람이 극락정토나 천국이라 불리는 곳에서 살아갈 거라고 믿던 시대. 추모하는 행위를 통해 세상을 떠

　마음 습관 여섯. 헤어져도 마음으로 관계를 끊지 않는다

난 사람과 서로 대화를 나눌 수 있다고 믿던 시대. 추모는 단절이 아니라, 보이지 않는 연을 다시 조심스레 잇는 일이었다.

즉, 추모를 한다는 것은 이미 세상을 떠난 사람에게 말을 걸고 귀를 기울이고 감사하고 기도하고 기원하고 때론 사과하고 사죄하고 용서를 구하는 행위였다. 과학이 발달한 이 시대에도 많은 사람의 마음속에는 추모를 통해 세상을 떠난 사람과 서로 이야기한다는 감각이 있다.

추모를 통해 정말 세상을 떠난 사람과 서로 이야기를 나눌 수 있을까? 이것은 앞으로 과학이 아무리 발달해도 영원한 수수께끼로 남을 것이다. 하지만, 이 시대에도 분명 추모를 통해 우리의 마음속에 생겨나는 화해가 있다.

그것은 자기 자신과의 화해이다.

B는 왜 A의 묘소를 찾아갔을까? 물론 그는 성묘를 통해 이

미 세상을 떠난 A에게 화해와 용서를 구했을 것이다. 자신의 목소리가 저세상에 있는 A에게 닿기를 기원하면서.

한편, 그의 마음 깊숙이에서 화해를 청하는 또 한 사람이 있다. 바로 '또 하나의 자신'이다. A를 죽음으로 내몬 자신을 끊임없이 책망하는 또 하나의 자신이다. 그는 용서할 수 없는 자신과의 화해를 진심으로 구하고 있다. 그래서 깊숙이 내재된 생각이 그를 A의 묘소로 향하게 했던 것이다.

이는 비단 B만의 모습이 아니다. 우리는 누구나 이미 세상을 떠난 사람에게 어떤 자책의 마음을 깊이 안고 있다.

좋은 관계를 이어가지 못했던 것에 대한 자책.

응원해 주고 편안하게 해 주지 못했던 것에 대한 자책.

괴로움이나 슬픔을 안겼던 것에 대한 자책.

슬픔을 이해해 주지 못했던 것에 대한 자책.

효도를 다 하지 못했던 것에 대한 자책.

일찍 세상을 뜨게 한 것에 대한 자책.

이렇듯 우리는 이미 세상을 떠난 사람에게 여러 자책의 마음을 깊이 안고 있다. 그래서 우리는 추모하러 가는 게 아닐까.

추모하며 자신과 깊고 조용한 대화를 나눌 때 우리의 마음에는 어떤 치유가 일어난다. 생전에 화해하지 못했던 사람이 조용히 미소 지어 주는 듯한 기분이 든다. 그 순간이야말로 마음 깊이 자책의 마음을 갖고 있던 자신이 치유되는 순간이다.

추모는 이미 세상을 떠난 사람과 마음의 관계를 끊지 않는 행위이다. 그 사람과 그리고 자신과 깊고 조용한 대화를 계속하기 위함이다. 그것은 분명 무엇과도 바꿀 수 없는 시간이다.

그렇게 우리는 비로소 마음속에서 '말하지 못한 말'을 조용히 꺼내게 된다. 살아 있을 때는 어쩐지 꺼내기 어려웠던 말들, 미처 준비하지 못했던 인사나 작별의 말이 시간이 흐른

뒤에야 그 무게를 다해 다가온다.

묘소 앞이 아니어도 괜찮다. 사진 한 장 앞에서, 오래된 편지를 다시 펼쳐 보는 순간에도 우리는 조용한 추모의 시간을 가질 수 있다. 말로 다 하지 못했던 진심은 오히려 그런 고요한 순간 속에서 더 깊이 전해진다.

인연이 멀어진다 해도
마음의 끈을 놓지 않으면,
삶은 존재의 깊은 결로부터
뜻밖의 선물을 건넨다.

모든 만남은
나를 위한 것임을
받아들인다

왜 내 인생에서
그 사람을
만났을까

일곱 번째 마음 습관은 '모든 만남은 나를 위한 것임을 받아들인다'이다. 즉, 만남의 의미를 깊이 생각하는 것이다.

인생에는 도저히 화해할 마음이 들지 않는 사람도 있다. 몇 번이고 도망치고 싶을 만큼 혹독했던 상사, 작은 실수에 몇 시간이나 물고 늘어지며 괴롭혔던 고객, 철석같이 믿었는데 배반한 친구, 상속 문제로 피 튀기는 싸움을 벌인 친척.

인생에는 자기 잘못을 인정하는 것은 고사하고 몇 년이 지나도 상대를 용서할 기분조차 들지 않는 사람과의 불행한 만남도 있다.

그런 만남에 대해 "그래도 상대를 용서해야 하지 않을까?", "자신에게도 잘못이 있음을 인정해야 하지 않을까?", "아무튼 자기가 먼저 마음을 열어야 하지 않을까?"와 같은 말은 하지 않겠다.

나 또한 '상대를 절대 용서하지 않겠다', '나의 잘못을 인정할 수 없다', '내가 먼저 마음을 열어야 할 이유가 없다'라며 고민했던 시기가 있기 때문이다. 그래서 같은 고민을 하는 독자에게 교훈이라고 말할 자격이 없다. 이 책의 저자로서 뭔가를 말할 수 있다면, 내가 어떻게 그런 고민을 극복해 왔는지다.

인생에는

과거에는 불행한 만남이라 생각했던 것이

의미 있는 만남이었고 고마운 만남이었음을

깨달을 때가 온다.

깨달음은 어느 날 문득 찾아오기도 하지만, 먼 길을 돌아 한
참 후에 찾아오기도 한다. '상대를 용서할 수 있느냐 없느
냐?'의 문제로 접근하는 하다가는 절대 찾아오지 않는다.
그렇다면 어떤 문제로 접근해야 할까?

왜 내 인생에서 그 상대를 만났을까?

이렇게 접근할 때 우리는 '상대를 용서할 수 있느냐?'의 차
원을 초월해 삶에 대해 깊은 사색을 할 수 있게 된다. 인생
에서 그 상대와 만나게 된 의미를 깊이 생각하면 의미가 명
료해진다.

인생에서 타인과의 만남은

모두 자신이라는 인간의 성장을 위해

주어진 만남이라는 관점이다.

물론 인생에서 우리를 타인과 만나게 해 주는 '무언가'가 존재하는지는 알 수 없다. 영원한 수수께끼일 것이다. 하지만, 우리가 마음속으로 인생에서 타인과의 만남은 모두 나라는 인간의 성장을 위해 주어진 만남이라는 관점을 가진다면 이러한 의문들이 떠오를 것이다.

이 만남을 통해, 그리고 이 괴로운 경험을 통해

지금 내가 인간으로서 성장해야 할 과제는 무엇인가?

지금 무엇을 배워야만 하는가?

지금 무엇을 붙잡아야만 하는가?

인생에서 불행한 만남이 주어졌을 때 이런 의문을 가져 본 적이 없는가? 지금까지 자신이 걸어온 인생을 돌이켜 보자. 그리고 그 의문을 자신에게 던져 보자.

나는 언제 인간으로서 성장할 수 있었는가?

어떤 경험을 통해 인간으로서 성장할 수 있었는가?

그 경험은 전혀 즐거운 경험이 아니라 고통스러운 경험이지

않았는가?

그 고통스러운 경험은 만남에 의해 주어진 경험이 아니었는
가?

만일, 과거를 돌이켜 보며 이런 의문이 생겼다면 저절로 다
음 의문이 떠오를 것이다.

**그 불편한 만남은 나의 성장을 이루기 위해 주어진 것이었을
까?'**

이런 의문을 품는다고 해서 상대와 화해할 마음이 바로 생
기지는 않는다. 상대를 용서하고 자기 잘못을 인정하며 상
대에게 마음을 열 수 있는 것도 아니다.

하지만, 이런 의문을 품을 때 우리 마음 깊숙이에서는 그 만
남에 대한 해석이 바뀐다. 그 만남이 그저 불편하고 불행한
만남이 아니라, 어떤 의미가 있는 만남이라고 해석으로 바
뀔 것이다.

불행한 만남이
고마운 만남이
될 때

나에게도 처음에는 '불행한 만남'이라 생각했던 것이, '의미 있는 만남'이었다고 느끼고 나아가 '감사한 만남'이라고 생각하게 된 적이 여러 차례 있다.

신입사원 시절 어느 기업에 신규 프로젝트를 제안하러 갔을 때의 일이다. 전날 밤늦게까지 작성한 기획서를 갖고 상대 기업의 A 부장을 찾아가 회의실에서 기획에 관해 설명했다.

   마음 습관 일곱. 모든 만남은 나를 위한 것임을 받아들인다

자신 있는 기획이었다. 그런데 설명이 끝나기가 무섭게 A 부장은 "우리는 이런 기획을 원한 게 아니다"라며 불같이 화를 냈다.

머릿속이 하얗게 되어 그 후의 일은 별로 기억나지 않는다. 자리에 함께 있던 과장이 중재에 나섰지만, 나는 자존심이 크게 상해 패잔병 같은 심경으로 그 회사를 나왔던 기억만이 있다. 횡단보도를 건널 때 보다 못한 동료 B가 말을 걸었다.

"자네 기획은 좋은 기획이었어. 단지 A 부장이 그것을 이해할 만한 능력이 없었을 뿐이야."

그 순간, B의 말에 의지하고 싶은 마음이 없었다면 거짓이다. "그러게, A 부장은 아무것도 모르면서 말이야"라고 투덜대고 싶었던 내가 없었다면 그 또한 거짓이다. 하지만 그때 나는 억지로 마음을 다잡으며 B에게 이렇게 말했다.

"고마워, 그런데 역시 난 A 부장이 이해할 만한 기획을 내지 못했어."

이날이 내가 일에서 뛰어난 업적을 이루어 내기 시작했던 기점이다. 그때부터 35년의 세월을 걸어온 지금, 돌이켜 보면 A 부장의 엄하고 신랄한 비평 덕분에 나는 중요한 것을 깨닫게 됐다.

그 무렵의 나는 거만했다. 스스로는 깨닫지 못했지만, 자신감이 지나쳐 이 기획이 반드시 채택될 거라는 우쭐함도 있었다. 부장은 눈앞에 있는 젊은 사원의 마음 깊숙이에서 '무의식의 거만함'을 느꼈을 것이다. 예의 바르고 정중하게 말하고 있지만, 깊숙이 숨겨진 '은근한 교만'이 있다는 것을 알아챈 것이다.

그리고 부장은 엄한 모습으로 나에게 그 사실을 일깨워 줬다. 덕분에 오늘의 내가 있다.

**어떠한 만남에도
깊은 의미가
있다**

오늘날까지 이런 경험을 거듭해 왔다. 그리고 언젠가부터 한 가지 생각이 마음에 자리 잡았다.

'불행한 만남이라 생각되는 만남에도 반드시 깊은 의미가 있다.'

그런 만남은 때론 한 사람의 인간으로서 성장하는 데 있어 중요한 경험을 가져다 준다. 그리고 진실을 깨달았을 때 인생의 풍경이 바뀐다.

이를 가르쳐 주는 '거친 숫돌'이라는 말이 있다. 예를 들면, 이런 경우다.

"그 상사는 지금 돌이켜 보면 내게는 거친 숫돌이었어. 매일매일 그 숫돌에 박박 갈리는 기분이 들었거든. 하지만 덕분에 나란 인간이 매끈매끈해졌어. 나는 사실 엄청난 고집불통이었거든."

나는 인생의 선배들에게 그런 말을 꽤 자주 들었다. 다행히 나 또한 그런 '거친 숫돌' 같은 사람과의 만남을 통해 갈등하고 부딪치면서 마음속 작은 자아를 깨달아 갔다. 그리고 인간으로서 성장의 길을 걸을 수 있었다.

이렇듯 불행한 만남이라 생각되는 만남에도 반드시 깊은 의미가 있다면, 우리는 어떻게 해야 깊은 의미를 알 수 있을까. 그러기 위해 반드시 해야 할 일이 있다.

그 만남과 정면으로 마주하는 것이다. 상대와 만났다는 사실

 마음 습관 일곱. 모든 만남은 나를 위한 것임을 받아들인다

을 마음속에서 정면으로 마주하는 것이다.

이전 장에서 인간관계가 이상해지는 것은 상대와 정면으로 마주할 수 없게 됐기 때문이라고 했다. 마찬가지로 인생의 해석이 이상해지는 것도 그 사실에 정면으로 마주할 수 없게 됐기 때문이다.

왜냐하면, 우리는 인생의 만남을 무의식중에 행복한 만남과 불행한 만남으로 나누어 행복한 만남에만 의미와 가치를 인정하고 불행한 만남에는 의미와 가치를 인정하지 않는 경향이 있기 때문이다.

그래서 불행한 만남이었다고 느끼면, 만났다는 사실에 정면으로 마주하지 않고 그 의미와 가치를 회피하려 한다. 하지만, 일단 우리가 그 불행한 만남과 진심으로 마주해 의미와 가치를 바라본다면 신기할 만큼 우리의 마음 깊숙이에서 '인생의 해석력'이라 부를 만한 것이 솟구친다.

'인생의 해석력'이란, 인생에서 일어나는 일이나 인생에서 주어진 만남의 의미를 해석하는 힘이다. 만일, 우리에게 그런 인생의 해석력이 있다면 불행한 만남이라 생각되는 만남에서 앞서 나온 의문에 대한 나름의 답을 찾아낼 수 있다.

이 사람과의 만남을 통해,
그리고 이 괴로운 경험을 통해

지금 내가 인간으로서
성장해야 할 과제는 무엇인가?
지금 무엇을 배워야만 하는가?
지금 무엇을 붙잡아야만 하는가?

'졸업하지 않은 시험'은 평생 뒤쫓아 온다

인생에서 주어진 불행한 만남과 정면으로 마주하지 않고, 그 만남의 의미를 깊이 해석하지 않은 채 자신의 성장으로 이어가지 않으면 어떤 일이 생길까?

'졸업하지 않는 시험'이 뒤쫓아 온다.

이것은 무슨 의미일까? 예를 들어 보겠다.

어느 직장의 A 씨는 상사인 B 과장과 하나부터 열까지 맞지 않는다. B 과장의 엄격한 지도도 싫지만, 사소한 실수도 그냥 지나치지 못하는 신경질적인 면은 더 참을 수가 없다.

몇 개월을 고민한 끝에 인사부에 다른 부서로 옮겨 달라는 말을 꺼냈다. 희망한 부서의 과장은 C 과장, 우수하고 온화한 성품인 그와 함께하면 기분 좋게 일할 수 있을 것 같았다.

하지만, 부서를 옮기고 몇 주쯤 지났을 때 문득 깨달았다. C 과장은 기대했던 대로 우수하고 온화한 사람이다. 그런데 그 부서의 D 계장, 이전 부서의 B 과장보다 참을 수가 없다. 엄격한 지도는 물론, 사소한 실수에 대한 지적도 끊임없이 한다.

이것이 졸업하지 않는 시험은 뒤쫓아 온다는 말의 의미다.

**인생에서 인간관계 문제는 대부분
관계하는 양쪽 모두에 잘못이 있다.**

어느 한쪽에만

잘못이 있는 경우는 드물다.

따라서 우리가 어떤 인간관계 문제에 직면했을 때는 상대에게 상당한 잘못이 있다고 생각해도, 자신에게도 역시 어떤 잘못이 있기 마련이다. 자신의 결점이나 미숙함이 원인인 경우도 드물지 않다.

그런데도 갈등에서 도망쳐 인간으로서의 성장 과제를 외면한다면, 일시적으로는 문제가 해결된 것처럼 보여도 알고 보면 이전에 휘말렸던 문제와 똑같은 문제에 휘말려 자신의 과제와 다시 마주하게 된다.

'졸업하지 않는 시험'은 도망쳐도 반드시 뒤쫓아 온다. 지금 직면한 인간관계가 자신에게 내민 성장 과제를 직시하고 마주해 몰두하지 않으면, 아무리 능숙하게 도망쳐도 그 과제는 다른 인간관계의 문제로 돌아온다.

당신의 인생에서
그 일이 일어난
이유

이 졸업하지 않는 시험은 우리 인생에서 때론 상징적인 형태로 다가오기도 한다.

1990년대에 미국 싱크탱크에서 일하던 무렵의 일이다. 일주일간의 여름휴가를 얻어 캐나다 국립공원으로 가족여행에 나섰다. 여행 도중에 캐나다의 한 주유소에 주유하러 들렀는데, 주유소 주인이 어찌나 불친절하던지 불평했다가 말다툼을 하고 말았다.

   마음 습관 일곱. 모든 만남은 나를 위한 것임을 받아들인다

마지막에는 양쪽 모두 흥분해서 분위기가 험악해졌다. 불쾌한 기분으로 주유소를 나서며 마음속으로 이런 주유소는 두 번 다시 오지 않겠다고 다짐했다. 하지만 '왜 말다툼으로까지 번졌을까?' 하는 반성의 기분도 들어 마음 한구석에는 꺼림칙함이 응어리처럼 남아 있었다.

얼마 안 가 그 일은 까맣게 잊고 캐나다 국립공원에서 즐거운 5일을 보내고 다시 미국으로 돌아가게 됐다. 그런데 도중에 무슨 일인지 타고 있던 차의 엔진에서 이상한 소리가 나기 시작했다.

어떻게든 속도를 낮춰 운전하며 미국으로 향했는데, 캐나다 국경을 넘기 전 결국 엔진에서 커다란 소리가 났다. 그대로 두면 위험해질 것만 같았다. 하는 수 없이 처음 눈에 띈 주유소에 차를 댔다. 그런데 별안간 엔진에서 엄청난 파열음이 들리며 차가 완전히 멈춰 버렸다.

당황하며 운전석에서 고개를 돌리니 맙소사, 그 주유소는 이전에 주인과 말다툼이 벌어져 험악한 분위기를 뒤로한 채 두 번 다시 오지 않겠다고 다짐했던 곳이었다. 상상도 하지 못했던 상황에 순간 망연자실했으나, 신기하게도 다음 순간 깊숙한 곳에서 마음의 소리가 들려왔다.

'이 주유소에 차가 멈춘 데에는 뭔가 깊은 의미가 있다!'

그 소리에 이어 한 가지 생각이 떠올랐다.

'그래, 이 주유소 주인에게 사과하자. 그러려고 이곳에서 차가 고장이 났을지도 몰라.'

그런 생각을 하며 주유소로 들어가니 주인 역시 나를 기억하고 있어 처음에는 의아한 표정을 지었지만, 나는 망설이지 않고 그를 바라보며 진심을 담아 말했다.

"전엔 미안했습니다."
순간 그의 표정이 확 바뀌었다. 내 마음이 전해진 것 같았

 마음 습관 일곱. 모든 만남은 나를 위한 것임을 받아들인다

다. 그의 표정을 보면서 한 마디를 더했다.

"도와주세요. 차가 고장 났어요."

그러자 그 주인은 전과는 다른 사람처럼 진지한 눈길로 나를 바라보며 조용히 "알겠습니다"라고 말한 후 차를 고쳐줬다.

그 후 그의 친절하고 헌신적인 수리는 지금도 감사함과 함께 마음 깊이 남아 있다. 그가 수리에 몰두하는 모습을 보면서 나는 한 사람의 미숙한 인간으로서 또 한 가지 중요한 배움을 얻었다.

캐나다라는 나라에서 신기한 인연에 끌려 주유소 주인과 마음이 부딪쳤지만, 서로 마음을 열고 화해했다. 고마운 경험이었지만, 이것뿐이라면 누구나 한번은 겪었을 만한 일일 것이다. 내가 이 경험을 소개한 이유는, 불행한 만남에 직면했을 때 그 만남과 일어난 일에 관해 인생의 해석력이 요구되는 상징적인 일이었기 때문이다.

묘하게도 그 주유소 앞에서 차가 고장 났을 때, 순간 당황했다가 바로 머리에 떠오른 것은 '왜 이런 일이 일어났을까?' 하는 생각과 함께 '이 주유소에서 차가 멈춘 데는 뭔가 깊은 의미가 있다. 이 일은 무엇을 가르쳐 주고 있을까?' 하는 생각이었다.

이런 상황에 직면했을 때 우리에게 요구되는 것은 '어떻게 이 문제를 해결할 것인가?', '어떻게 일전에 말다툼한 사람에게 차를 수리해 달라고 할 것인가?'와 같은 문제가 아니다.

그 이전에 우리는 '왜 이런 문제가 일어났을까?', ' 왜 하필 이 주유소 앞에서 차가 고장 났을까?' 하는 물음에 대해 깊이 생각해야 한다. **인생이란 참으로 신기해서 물음에 올바른 답을 내고, 만남의 의미나 일어난 일의 의미를 바르게 해석하면 눈앞의 문제가 저절로 해결된다.**

    마음 습관 일곱. 모든 만남은 나를 위한 것임을 받아들인다

'왜 하필 이 주유소 앞에서 차가 고장 났을까?'

이 물음을 스스로에게 던졌을 때, 내 머릿속에 떠오른 답은 '마음이 부딪친 사람과 화해할 수 있는 유연한 마음을 익히라는 어떤 가르침'이라는 해석이었다.

나에게 이 일은 주유소 주인만이 차를 수리할 수 있었기에 어쩔 수 없이 화해한 일이 아니었다. 이 일은 마음이 부딪친 사람과 화해할 수 있는 '유연한 마음'을 익히기 위해 일어난 일이었다.

수리를 마치고 주유소를 뒤로한 채 미국으로 향하는 도중 문득 머릿속에 하나의 말이 떠올랐다. 그것이 "졸업하지 않는 시험이 바로 뒤쫓아 온다"라는 말이다.

캐나다로 가는 길에 주어진 주유소 주인과의 말다툼이라는 인생의 시험. 문제에 바른 답을 내지 않고 갔더니 5일 후 그 문제는 우연이라는 극적인 형태로 다시 나에게 다가왔다.

항상 완벽할 정도로 적절한 때에 끝내지 못한 시험은 나를
뒤쫓아 온다.

그 후에도 '졸업하지 않는 시험'은 때론 십 년의 세월을 뛰
어넘어 뒤쫓아 오기도 한다는 사실을 배웠다.

    마음 습관 일곱. 모든 만남은 나를 위한 것임을 받아들인다

삶의 문제는
풀기보다
해석해야 한다

우리 인생에서 불행한 만남이라 생각되는 것을 의미 있는 만남으로 바꾸고 나아가 고마운 만남으로 바꿔 가려면, 만남의 의미를 깊이 성찰해 인생의 해석력을 익히고 단련할 필요가 있다. 인생의 해석력을 익히고 단련하려면 어떻게 해야 할까?

마음속에서 '인생 이야기'를 만들어 내는 힘을 단련해야 한다. 이를테면, 앞서 소개한 캐나다에서 생긴 일은 어떻게 해석할 것인가?

한 가지 해석은 이미 말했듯 '여행을 떠나던 중에 주유소 주인과 말다툼이 생겼다. 그런데 돌아가는 길에 운 나쁘게 하필 그 주유소 앞에서 차가 고장 나서 주유소 주인에게 차를 수리받았다. 그래서 어쩔 수 없이 그에게 고마워했다'라는 해석이다. 이는 달리 말하면 마음속에서 그런 인생 이야기를 만들어 낸 것이다.

다른 한 가지 해석은 '여행을 떠나던 중에 주유소 주인과 말다툼이 생겼다. 그런데 돌아오는 길에 차가 고장 났는데 공교롭게도 그 주유소 앞이었다. **그것은 마음이 부딪친 사람과 화해할 수 있는 유연한 마음을 익히기 위해 나 자신에게 주어진 시험이었다'라는 해석이다.** 이것 역시 그런 인생 이야기를 마음속에서 만들어 낸 것이다.

두 가지 해석 중 '어느 쪽이 옳은가?'라는 논쟁은 의미가 없다. 거기에는 과학적인 사실과 같이 누가 봐도 옳은 객관적 해석이 있는 게 아니다.

우리가 물어야 할 것은 바로 이것이다.

'어느 쪽 이야기가 더욱 마음에 와닿는가?'

더 나아가,
'어느 쪽 이야기에 마음이 치유되는가?'
'어느 쪽 이야기가 마음을 성장시키는가?'이다.

우리는 인생에서 이런 이야기를 의식적이든 무의식적이든 마음속에 무수히 만들어 가며 살아간다. 특히 인생을 돌이켜 보며 '추억 이야기'를 할 때 그 성향이 더욱 두드러진다. 우리는 종종 다음과 같은 이야기를 듣는다.

"저 사람을 만나고부터 이상하게 인생이 꼬였어. 저 사람은 물귀신이야."
"그 사람은 나에게 행운의 여신이야. 항상 멋진 기회를 만들어 줘."
"저 사람들의 운명은 질긴 실로 이어져 있어."

"이 세상에 도움 되는 일을 하기 위해 우리는 무언가에 끌리듯 만났어."
"나는 아버지가 독재자처럼 군림하는 숨 막히는 집안에서 자랐다."

이 말에 나오는 '물귀신', '행운의 여신', '질긴 실', '무언가에 끌림', '독재자' 같은 말은 과학적으로 누구나 인정하는 객관적인 사실이 아니라, 그 사람에게 그 만남이 그렇게 해석된다는 의미에서 주관적인 이야기다.

우리가 의식적 혹은 무의식적으로 만들어 내는 인생 이야기는 때론 자신의 인생을 비참하고 슬프도록 느끼게 만드는 한편, 때론 자신의 인생을 강하게 긍정하고 격려하며 치유한다.

인생의 해석력이란,

어떤 의미에서 인생에서 주어진 만남이나

일을 앞에 두고 '자신을 격려하는 이야기',

   마음 습관 일곱. 모든 만남은 나를 위한 것임을 받아들인다

'스스로 치유하는 이야기',

'스스로 성장시킬 수 있는 이야기'를

만들어 내는 힘이기도 하다.

캐나다에서 있었던 일은 내 마음속에서는 지금도 작은 '성
장 이야기'다.

수많은 인연 중에
우리가 만난
이유

지금까지 만남의 의미에 관해 깊이 생각해 봤다. 인생에서 만남이란 어떤 것일까?

지금 지구상에는 80억이 넘는 사람들이 살아가고 있다. TV를 켜면 지구 반대편에 사는 사람들의 생활도 선명한 영상으로 볼 수 있을뿐더러, 그 사람들의 표정과 목소리도 생생하게 보고 들을 수 있다.

하지만, 우리는 절대 그 사람들과 만날 수 없다. **인생에서**

아무리 많은 사람과 만난다고 해도, 우리는 전 세계 80억 인구 중 한 줌의 사람들밖에 만날 수 없다. 그것이 우리의 인생이다.

우리는 누구나 백 년도 채우지 못하는 짧은 인생을 살아간다. 그 시간은 인류의 역사나 지구의 역사에서 본다면 정말이지 한순간이라고 부를 만큼 짧은 시간이다.

우리는 누구나 그 '한순간의 인생'을 달려간다.
인생에서 타인과의 만남은 한순간의 인생과
한순간의 인생이 교차하며 일어나는
기적의 한순간이다.

만일, 우리가 그 사실을 깨닫는다면 서로 마음이 부딪치는 만남도 마음이 어긋나는 만남도 아무리 불행해 보이는 만남도 기적 같은 만남임을 알게 될 것이다. 그 경이로움을 가르쳐 주는 말이 있다.

<u>'인연'이라는 말.</u>

인연이 없으면 우리는 절대로 만날 수 없다. 설령 마음이 부딪치는 만남일지라도, 마음이 어긋나는 만남일지라도 역시 깊은 인연이다. 그 점을 이해하면 인간관계의 풍경이 달리 보일 것이다. 눈부시게 보일 것이다.

예전에 짧은 인생을 살다 간 어느 사회활동가가 거리 활동에서 접한 사람들과의 만남에 관해 시처럼 아름다운 문장을 남겼다.

오늘 아침 역 앞에서 전단을 나눠 줄 때
내 손을 뿌리치며 지나간 당신,

우리의 만남은 불행한 만남이었을지도 모른다.
우리의 만남은 쓸쓸한 만남이었을지도 모른다.

하지만 당신과 만나서 좋았다.

 마음 습관 일곱. 모든 만남은 나를 위한 것임을 받아들인다

그래도 당신과 만나서 좋았다.

정말이지 맞는 말이다. 설령 어떠한 만남일지라도 사실은
고마운 만남이다. 가히 기적이라 불릴 만남이다.

그 만남이
당신에게
가르쳐 주는 것

우리는 누구나 단 한 번뿐인 '둘도 없는 인생'을 살아간다. 그 누구도 대신 살아 줄 수 없고, 한 번 지나가면 다시는 돌아오지 않는 이 생은 그래서 더욱 특별하다. 그렇기에 우리는 인생을 소중히 여기며 살아가야 한다.

그 '소중히 여긴다'는 말은 단지 조심스럽고 정성스럽게 살아간다는 의미만은 아니다. 더 깊은 층위에서, 그것은 이러한 의미이다.

 마음 습관 일곱. 모든 만남은 나를 위한 것임을 받아들인다

인생에서 만난 사람을 소중히 한다는 것.

그렇다면 인생에서 만난 사람을 소중히 한다는 것은 어떤 의미일까?

절대 그 사람과 부딪치지 않는다는 말이 아니다. 때로는 불화와 불신, 미움과 반발, 대립과 충돌이 있을 수 있다. 어쩌면 그런 갈등은 인간관계에서 피할 수 없는 본질일지도 모르겠다.

하지만 중요한 건, 그런 갈등이 있었음에도 불구하고, 그 관계를 통해 내 마음이 더 깊어졌는가, 그 사람을 통해 내가 이전보다 성숙해졌는가, 그 경험을 통해 삶의 본질에 한 걸음 더 다가갔는가 하는 것이다.

그 일을 초월해 마음이 더욱 깊이 이어지는 것.
그 일을 통해 서로 성장하는 것.
그리고 그 모든 과정을 통해,

인생의 본질에 조금 더 가까워지는 것.

우리는 종종 '다음에 잘하면 되지'라는 마음으로 어떤 만남을 가볍게 흘려보낸다. 하지만 모든 만남은 단 한 번뿐일 수 있다. 그 사람이 그 순간 그 표정으로 내 앞에 나타나는 일은, 다시는 반복되지 않는다. 그래서 한 사람과 나누는 감정, 말, 태도는 언제나 유일한 사건이다. 그렇기에 우리는 만남을 대할 때마다, 마치 다시는 오지 않을 단 한 번의 기회처럼 마음을 다해야 한다. 그 진심이야말로 우리가 인생을 사랑하는 방식이 되고, 관계를 책임지는 태도가 된다.

그것이 바로 인생에서 만난 사람을 소중히 여긴다는 것의 진짜 의미이며, 나아가 인생 자체를 소중히 여긴다는 것의 본질적인 태도이다. 사람이 사람을 통해 성장할 수 있다는 믿음, 그 믿음을 품고 만남을 대할 때, 우리는 비로소 자기 삶을 진심으로 사랑할 수 있게 된다.

그래서 우리는 늘 자문해야 한다.

 마음 습관 일곱. 모든 만남은 나를 위한 것임을 받아들인다

이 만남은 나에게 어떤 성장을 요구하는가?

이 만남은 나에게 무엇을 가르쳐 주는가?

이 만남은 나에게 무엇을 배우라고 말하는가?

이런 질문들에 대한 답은 절대 외부에 쓰여 있지 않다. 어떤 책이나 정해진 진리 안에서 찾을 수 없다. 한 사람, 한 사람이 각자의 마음속에서 스스로 깨우쳐 가야만 하는 것이다.

때로는 상처로, 때로는 눈물로, 때로는 외면하고 싶을 만큼의 고통으로 다가오는 만남이라 할지라도, 그 안에는 분명 배움의 씨앗이 담겨 있다.

'인간을 수양한다'는 말은, 그런 만남의 의미를 깨달을 수 있는 힘을 스스로 갈고닦는 과정을 뜻한다. 그 힘은 하루아침에 생기지 않는다. 하지만 매일의 삶 속에서 마주치는 소소한 인연, 때로는 고통스러운 만남을 통해 천천히 쌓여 간다.

인생의 진짜 아름다움은 완벽하게 조화를 이루는 관계가

아니라, 불완전한 사람들이 서로를 이해하려 애쓰는 그 마음 안에 있다. 그리고 그 마음이 결국, 당신을 더 깊고 단단한 인간으로 성장시켜 줄 것이다.

이 만남은
내 안의 어떤 문을 두드리는가.
무엇을 깨뜨리고,
무엇을 일깨우려 하는가.

인간을
수양하는 것의
진짜 의미

인간
수양의 길은
하나로 통한다

인간력을 높이기 위한 길,

즉 인간을 수양하는 길은

훌륭한 고전을 많이 읽는 것도

산에 틀어박혀 수행하는 것도 아니다.

그 유일한 길은,

매일의 일상에서

인연으로 만난 사람들과

정면으로 마주하고 '격투'하는 것이다.

여기서 격투란, 싸움을 말하는 것이 아니다.

미숙한 사람끼리
서로 마음이 부딪치고 멀어지면서도
마음을 열어 자기 잘못을 인정하고
상대에게 사과하고 용서하고 화해하며
좋은 관계를 맺기 위해
발버둥치며 노력하는 것이다.

자신의 마음속 '작은 자아'를 바라보는 것.

이것이 격투의 본질이자, 의미다.

격투란,
마음속 작은 자아를 버리는 것도
억압하는 것도 아니다.

마음속 작은 자아가

 인간을 수양하는 것의 진짜 의미

온갖 부정적인 감정을 내뿜으며

인정하기 싫어하고, 용서하기 싫어할 때

거기에 말려들지 않고

그 모습을 그저 조용히 바라보는 것이다.

내 마음속 '작은 자아'를 그저 조용히 바라보는 것.

이것의 '격투'라는 말의 진정한 의미이다.

마음의 거울을
닦는다는 것

인간을 수양하기 위한 유일한 길이

타인과 격투하는 것이라면,

인간을 수양한다는 것은

'궁극적으로' 무엇을 수양하는 것일까?

"인간관계로 고민하다가 둥글둥글해졌다."

"인간관계로 고생한 끝에 너그러워졌다."

이 같은 표현들이 있다.

   인간을 수양하는 것의 진짜 의미

그러나 이 책에서 말하는

인간을 수양한다는 말은 그런 의미가 아니다.

돌을 갈고 닦으면 모서리가 떨어져 나가지만,

인격을 닦는다고 자아가 사라지지는 않는다.

마음속 작은 자아는 사라지지 않고

단지 억압되어 있을 뿐이며,

마음 깊숙이 숨어 있다고 해도

반드시 다른 곳에서 고개를 내밀어

때론 부정적이거나 파괴적으로 움직인다.

따라서 인간을 수양한다는 말은

작은 자아를 버리는 것도 없애는 것도 아니다.

그 움직임을 볼 수 있게 되는 것이며

이로써 작은 자아의 부정적인 움직임이나

파괴적인 움직임을 진정시키는 것이다.

작은 자아의 움직임을 볼 수 있게 되면
'마음의 거울'에 흐림이 사라진다.
그러면 자기의 모습, 타인의 모습 등
모든 모습이 흐림 없이 눈에 들어온다.

마음속 작은 자아가 보이지 않으면
마음의 거울이 흐려진다.
자기 모습도 타인의 모습도
있는 그대로 볼 수 없게 된다.

작은 자아가 가진
허세, 우월감과 열등감, 질투 등의 감정들을
작은 자아가 좋게 포장하기 때문이다.

결국, 인간을 수양한다는 것은
마음의 거울을 닦는 것이다.

마음의 거울이 흐려서

　　　　인간을 수양하는 것의 진짜 의미

자기의 모습, 타인의 모습,

매사의 모습을 있는 그대로 볼 수 없다면

인간력을 높이는 것은 불가능하기 때문이다.

'자신의 마음속 작은 자아를

조용히 바라보고,

그 작은 자아로 흐려지고마는

마음의 거울을 꾸준히 닦아 간다.'

이것이 인간을 수양한다는 말의 참 의미이다.

인간 수양의 끝,

산의 정상까지는 아득히 멀다.

그래도 조금씩 산에 올라갈 수는 있다.

나 또한 인간을 수양하며,

인간으로서 성장을 추구하며

평생을 쉼 없이 걸어왔다.

여전히 눈앞에 펼쳐진 산의 정상은

저편에 아득하게도 멀다.

끝이 없을 것 같은 산을 오르다 보면

드는 생각이 있다.

'평생 미숙한 나를 안고 걸으며

인생을 마무리하지 않을까?'

그런 생각을 품고 인생을 걷는

미숙한 인간에게 구원이 되는 말이 있다.

구도求道, 이것이야말로 길이다.

한 인생에서 길을 찾아, 길을 찾아 걸었다.

그 모습은 이미 길을 찾고 있는 모습이 아니다.

그 길을 찾아 걷고 있는 것 그 자체가,

이미 그 길이다.

한 사람의 나그네는

이 말에 구원을 얻고 의지하며 걸어왔다.

미숙한 자신을 안고서도

성장하기 위해 쉼 없이 걸어온 인생.

평생 인간을 수양하기 위해

쉼 없이 걸어온 인생.

그 모습이야말로 존경해야 할 인간의 모습이다.

그 깨달음을 얻었을 때,

평생에 걸쳐 인간 성장이라는 이름의

산 정상을 향해 오르고 있는 선인들의

빛나는 뒷모습이 보였다.

한 사람의 나그네는

지금 다시 마음을 다진다.

아무리 느린 걸음일지라도,

아무리 서툰 걸음일지라도

인생을 다하는 마지막 순간까지

계속 걸어갈 것을.

"인간을 수양한다."

이 말을 가슴에 새기며.

　　　　　　　인간을 수양하는 것의 진짜 의미

감사의 말

인간을 수양하고 성장을 목표로 걸고 있지만,
아직 산 정상은 아득히 멀다.

벚꽃의 계절을 지나 신록의 눈부심을 맞으려 한다.
설령 서툰 걸음일지라도
높은 산의 정상을 목표로 걸어가는 인생에
절로 감사한 마음이 든다.

이미 타계하신 부모님에게
이 책을 바치고 싶다.

이루 말할 수 없을 만큼의 노고를 짊어진 인생이었지만
그 걸음 속에서 두 분이 했던 말씀

"사람은 평생 배워야 한다."

그 말이 지금도 나의 걸음을 지탱하고 있다.
부모님 묘소에서 두 분과 대화를 나눌 때면
항상 조용한 치유가 찾아 든다.

사람을 얻는 힘: 인간력

© 다사카 히로시, 2026

초판 1쇄 인쇄 2026년 3월 08일
초판 1쇄 발행 2026년 3월 18일

지은이 다사카 히로시
옮긴이 장은주
책임편집 김아영
콘텐츠그룹 배상현, 김다미, 김아영, 이윤주, 박화인, 강효원, 강도현, 문혜진, 기소미
표지디자인 [★] 규
본문디자인 pica(

펴낸이 전승환
펴낸곳 책읽어주는남자
신고번호 제2024-000099호
이메일 bookpleaser@thebookman.co.kr
ISBN 979-11-24038-25-3 (03190)